图书在版编目（CIP）数据

让爱回家/李新异著. —广州：广东人民出版社，2022.9
ISBN 978 - 7 - 218 - 15825 - 9

Ⅰ.①让… Ⅱ.①李… Ⅲ.①家庭教育 Ⅳ.①G78

中国版本图书馆 CIP 数据核字（2022）第 103867 号

RANG AI HUI JIA

让爱回家

李新异 著

出 版 人：肖风华

策划编辑：赵世平工作室
责任编辑：赵瑞艳
责任技编：吴彦斌

出版发行：广东人民出版社
地 址：广州市越秀区大沙头四马路 10 号（邮政编码：510199）
电 话：(020) 85716809（总编室）
传 真：(020) 83289585
网 址：http://www.gdpph.com
印 刷：珠海市豪迈实业有限公司
开 本：787mm×1092mm 1/16
印 张：15.25 字 数：180 千
版 次：2022 年 9 月第 1 版
印 次：2022 年 9 月第 1 次印刷
定 价：62.00 元

如发现印装质量问题，影响阅读，请与出版社（020 - 85716849）联系调换。
售书热线：(020) 85716826

编委会

前 言

Perface

死亡、艰辛与不幸是可以设计的，一切都是思想念头在作祟！

我目睹过一对老人天人永隔，但其实逝去的妻子并无病痛，比恶疾缠身的丈夫健康许多；我听闻过许多人事业折戟沉沙、家财散尽，与亲友同僚分道扬镳，但其实他们曾手握一把好牌，比来自农村、小镇的寒门学子优越许多；我接触过数以万计被判定的"问题孩子"，但其实他们才华横溢、活力四射，比他们固执古板的父母灿烂许多。

为什么人世间总有那么多意料之外和事与愿违？

世界卫生组织有数据表明："2019年，近10亿人（包括全球14%的青少年）患有精神障碍。自杀占死亡人数的1/100以上，并且58%的自杀发生在50岁之前。""患有严重精神卫生问题的人平均比一般人群早死10~20年，这主要是由于可预防的身体疾病所致。儿童时期遭受性虐待和欺凌是抑郁症的主要原因。社会和经济不平等、突发公共卫生事件、战争和气候危机都是影响精神健康的全球结构性威胁。仅在大流行性疾病暴发的第一年（2020年），抑郁和焦虑症就增加了25%以上。"[①]

---

① 世卫组织强调迫切需要彻底改变精神健康和精神卫生保健领域的现状[EB/OL].(2022-06-17)[2022-07-28]. https://www.who.int/zh/news/item/17-06-2022-who-highlights-urgent-need-to-transform-mental-health-and-mental-health-care.

　　而从2006年开始，我们就从心理学的角度观察到"思想是一种能量"。思想随时可能控制和影响我们的未来，可能影响我们的生活、性格、价值观判断、行为模式，甚至可能影响我们的疾病与死亡。除了影响我们自己外，更加可怕的是会严重影响我们的下一代，会像控制提线木偶一样控制着儿女的情绪与行为模式，却很难让人看清楚。这种思想能量可能形成我们认为的正面效应，也可能形成负面效应。

　　也就是说，我们谜一样的潜意识，就是环境的变化，还有早期的经历，以及其他多重的因素，共同导致思想念头出现的问题。随着时间的推移，大脑开始遗忘具体的某个事件，逐渐由意识转化为潜意识，随后潜意识会通过多种方式被"唤醒"，不断在你的人生中重复和执行着那个被你遗忘的"指令"。

　　曾经有一位女士来找我咨询，她丈夫是一位成功的企业家，对她非常好。每天下班后丈夫准时回家陪她跟孩子一起吃饭，饭后牵着她的手在小区散步，非常恩爱。但是几年后，这位女士发现自己怎么也爱不上自己的丈夫，觉得非常奇怪。

　　我用"潜意识情景对话技术"很快让她进入了潜意识，检索她过往的经历。结果发现她曾经谈过四次恋爱，每一次恋爱都是充满激情，爱得死去活来的，但是这四次恋爱都失败了。

　　最后那次失恋让她痛不欲生，在那个痛苦的时刻，她产生了一种强烈的思想念头："我一定要找一个有钱的人，他必须爱我，也爱我们的家庭。"这个思想念头是在当时的情绪下产生的，很快就被她遗忘了。

　　有一天她去相亲，别人给她介绍了个男朋友。结果她没有看上相亲的对象，却对陪对方来的朋友产生了兴趣。

两人认识后很快就热恋起来，不久就结婚了，而丈夫是一位有钱的企业家，爱她，也爱她们的家。

这其实就是一例典型的"潜意识婚姻"，这是我起的新名词。一旦我们了解了潜意识婚姻的形成原理，就会发现现实中存在很多这样的婚姻状态。

"潜意识婚姻"里为什么对方那么好，而她却爱不上他呢？缺了什么因素吗？

还真是缺了一个最关键的因素，就是她在第四次失恋的痛苦情绪下产生的那些念头里，缺少了"我也要爱他"这个重要因素。所以婚姻一开始是幸福的，但是她很快就感受到自己无法爱上对方。

人在激动情绪下产生的思想念头，往往带有太多为私为己的功利主义，往往只有索取，没有付出。而人在激动情绪下产生的思想念头，是最容易形成潜意识的，到你该做决定时，潜意识又会忠实地执行这个不完美的指令。

许多被人认为是"女汉子""男人婆"的女人，也遵循了这个定律。女性人格男性化现象的成因，绝大多数是来自于家人重男轻女的思想以及对生男孩的强烈渴望，导致了女孩成长过程中产生不同程度的性别认同障碍倾向，她会用逞强等方式去讨好家人，向家人证明自己。甚至有数据表明，在全国被命名为"胜男"的女性超过了10万人。

孩子在胎儿时期就能够感受到父母的情绪吗？胎儿时期的孩子会受到父母情绪的影响吗？

正确的答案是："是的！"这就是我们在对近万个案例进行追溯的过程中，将母亲怀孕期间身体和心理的状态与孩子的身心状态进行比对，并通过"潜意识情景对话技术"追溯孕期的心理时所探测到的结果。

发现和找到这些最原始的、早期的思想念头并聚焦在当下，成为解决一些青少年疑难杂症的关键，其实解决成年人的问题也一样。

孩子自闭症的成因只有病理性的吗？答案是未必。孩子被误判为多动症的"冤假错案"更是数不胜数！而我们经常遇到的孩子逆反心理与行为，其实都不是孩子出现了错误，很可能是父母的思想认识僵化、功利，不懂孩子的思想情感与情绪感受。

每一个孩子出现问题的背后，其实都有父母错误行为的影子在里面，这就是我讲的"家庭正负能量"的传递跟复制原理。来自父母双方的思想、心理心态、会以无形的但无处不在的方式伴随着孩子的成长，这些案例我会在书中一一道来。

其实我们人类生孩子不只是在繁衍后代那么简单，我们真的可以创造出我们希望的生命，我们的一念、一言、一行所造成的影响，都会在孩子身上一一体现，这是真正的"造人"。"十年树木，百年树人"，只要我们构建和谐的家庭环境，构建有爱的家庭氛围，我们完全可以定向构建孩子的生命状态。这是我们在探索和发现人的问题形成的原因过程中，意外发现了"创造"生命的秘密。

造人还包含着从怀孕到孩子童年应该怎么养育，父母的相互关系对孩子带来的影响是什么，要怎么认识自己跟孩子之间的关系，生命如何才能健康成长。

所以我最常对家长说的就是"每一个孩子都是天使"。

《让爱回家》一书首先要阐述的就是"思想是一种能量"！以此为基础，家庭是否和谐，夫妻关系是否健康，会直接影响到后代的健康成长。也就是说，"家和万事兴"是有实质内容的，有爱家庭的构建是家族兴旺的必要条件，也是我们人生的大事件！

心理学家说，控制和影响人的主体就是潜意识，人们谓之"命运"，当"潜意识"被看到的时候，命运其实就已经在改变。

而《让爱回家》就是告诉大家潜意识是怎么形成的，怎么控制和影响人的一生，以及我们应该怎么去认识这种潜意识并改变它。

当我们能够清晰认识到潜意识是怎样形成、运作及改变时，改变一个问题孩子，改变一个问题家庭，真正实现"让爱回家"也就变得简单明了。"爱"是其中一个核心因素。我们明白后，爱自然会回家！

祝愿每一位读者家庭幸福、快乐！

李新异

2022年7月17日

序（一）

让爱回家，就是家庭心理学的落地实践。

读了李新异老师的新书校稿《让爱回家》，很欣喜李老师多年的实践经验和学术结晶能够汇集出版。

家风家训的建设已经受到全社会的重视，打开中纪委的官网，看到落马的官员罪状里面会写道："家风败坏……伙同家人大肆敛财"①等字句。一个人的堕落不止是个体责任，还要看到他的家庭背景。看很多落马官员的履历，都曾经有着辉煌的成长史：学霸出身，有能力，甚至也为社会做出过贡献。

家文化的健康与否不仅关系到整个官场的风清气正，还会影响整个社会风气，乃至中华民族文化的复兴。正如习近平总书记所言："我们要认识到，千家万户都好，国家才能好，民族才能好。国家富强，民族复兴，人民幸福，不是抽象的，最终要体现在千千万万个家庭都幸福美满上，体现在亿万人民生活不断改善上。"②家风好，家庭幸福和顺美满，家风坏，则殃及子孙，祸及家国。

---

① 王新民. 方圆谈 | 家风建设须臾不能放松[EB/OL].(2022-07-05)[2022-07-27]. https://www.ccdi.gov.cn/pln/202207/t20220705_203079.html.

② 陈振凯，李贞. 习近平谈家风建设[EB/OL].(2020-07-22)[2022-07-27].http://jhsjk.people.cn/article/31792580.

中华民族历来重视家文化，在李老师的书中，也提及了许多优秀的家文化的实践。从多年的观察来看，许多家庭组建之初都是奔着幸福去的，但往往因为治家无方而痛苦重重。

书中替孩子找到了原因，很多家长不知道自己是怎样影响了孩子的生命状态，不知道自己的行为语言如何伤害了孩子。等到孩子出状况了，又认为孩子矫情。

我们常说：家和万事兴。

和，个人和，内在平和，自己不和自己打架；家庭和，亲人之间彼此和睦相处，互相支持成就；社会和，彼此相互礼让；天下和平，各个国家不是通过战争掠夺发展自身，而是通过彼此合作共赢。

"家和"是每个成员都有和气，如何有和气？

《礼记》有讲道："孝子之有深爱者，必有和气，有和气者，必有愉色，有愉色者，必有婉容。"[1]一个人内在与父母建立爱的连接，这个人是自我认同感强，自我价值感高的，气质风度中自然能透出"我值得被爱，我值得拥有"，内在是丰盛富足的自然有愉色，相貌都会变得和蔼可亲。

这样的人无论与谁建立关系，都容易彼此有爱的连接，这个家才能和气，生活也容易去向幸福。

那么如何让爱回家？这就靠家长的引领了。在书中，作者列举了诸多案例，从家庭能量的角度，为我们家长提供了很好的启示。

从家长的角度，当代的家长确实不容易，他们经历的是求同的教

---

① 胡平生，张萌.礼记[M].北京：中华书局，2017.

育，是千军万马过独木桥的教育，是不能让孩子输在起跑线上的教育，他们希望自己的孩子与众不同，又生怕自己的孩子与大众不同，他们自己可以省吃俭用但是为了孩子却不惜一掷千金……

中国的家长面对的时代是剧变的时代，经历过改革开放后金钱至上、身价攀比的视觉冲击，目睹过同一班的同学因为当初的一点差距而造成后来的生活条件判若云泥，他们处在集体的脱贫致富焦虑中，生活中追求的不是幸福而是比别人幸福……

他们没有给到孩子足够的陪伴，因为想让孩子未来有个更好的生存环境；他们没有给到孩子足够的爱，因为他们自己也没有得到过；他们给了孩子太多的期待，反而把孩子压垮了，他们给了孩子太多的关注，反而把孩子的力量削弱了；他们中绝大部分都是爱孩子的，但是恰恰是他们的爱伤了孩子的心。

如何爱孩子？一个孩子又是如何被"毁"的？李老师在总结大量个案的基础上，在书中给出了很好的经验。教育的目的是什么？可以借《大学》中的一句话来说："大学之道，在明明德"。教育的目的就是发挥出孩子本来的美德与长处，让他成为自己。传统的教育是求同的，如大家都努力去考985、211高校，而成功的人生是"求新存异"的，就是成为本来的自己。如同李老师在书中指点爱踢足球的孩子的家长一样，给孩子找一个足球学校，孩子各方面都顺了。

如何了解自己的孩子，做到因材施教？这一点李新异老师为众多家长提供了非常实用的工具——这也是"新异心理"对心理学学术上的贡献。

中华人民共和国成立前，能让孩子活下来的就是好家长；中华人民共和国成立初期，能让孩子受教育，尤其是女孩也有书读的就是好家长；而现代，做家长的标准提高了，你还要懂点传统文化，懂点心理学，要懂得让孩子成为自己。

2022年国民心理健康蓝皮书调查数据显示：有24.6％的中小学生都存在抑郁症的状态，这意味着四分之一的孩子是有心理健康问题的。如果一个家庭的孩子出状况了，那么这个家庭还谈何幸福？

"五福临门"中的"康宁"——可以理解为身体健康，心理安宁。

而孩子的心理健康又从何处入手呢？作者结合个案给了我们当代父母很多警醒，也拓宽了心理学对生命的认证。

正如书中提到："母亲在孕育孩子的过程中，父母的情志，即父母的思想、心理、道德品质、行为模式和身心状态等都会影响到孩子。十月怀胎奠定了孩子初始的生命状态。"

念头是一种能量，现在脑科学的发展也印证了这点。

《让爱回家》这本书可以说是现代父母的上岗培训手册，是构建和谐家庭的心理学落地实践，对父母、心理学工作者都有非常高的价值。

中国生命关怀协会心理健康专委会主任　刘海峰

2022年6月20日

序（二）

　　有幸看了广东社会学学会潜能开发研究专业委员会实验基地"新异心理"李新异老师的专著《让爱回家》的书稿，这里面也包含了编委会冯映云、彭梨花、马少荣、李国珍与张新雨老师的集体智慧。该专著共有十八讲，倾注了李新异团队多年的钻研与心血。我阅读了《让爱回家》书稿，发现李新异老师撰稿时是"小问题作大文章"，体现了培养人才，应以学校教育为主，培养道德，以家庭为上，家庭是德育教育乃至整个教育的根基。

　　有时候与一个人接触，很快感觉到他或她的文明程度、道德自律、举止进退、做人修养，乃至人格人性。这些东西多半与家庭的影响、家学的渊源、家风的承继、家教的成果有密切关系。在形成一个人的基本素质方面，童年的熏陶往往重于长大之后，从生活中、从家庭中得到的体悟，往往深切过从课本上所读到的东西。

　　《让爱回家》一书中，作者认为：人作为社会性的生命，每个人都归属于某些系统：他会是一个家庭的成员、某个社区的居民、某个组织的一员……而且他本人就是一个系统，一个身心各要素构成的系统。这些大大小小的系统相互联系，构成一个完整的社会系统。家庭是一个以爱和秩序为基础组成的单位，从人的发展来说，家庭是最基本、最重要的一个系统。在家庭中，还有一种秩序需要遵守，那就是爱递增，伤害递减。

我们要认识"家文化"，"家"是心灵的归宿，"家"是温暖的港湾。在中国优秀传统文化里，"家文化"代表着强大的凝聚力和精神感召力。钱穆认为，家族文化是中国文化的柱石，中国文化是从家族观念上筑起的，先有家族观念，再有人道观念，然后再有其他的一切。

在人类发展的历史长河中，家庭是组成社会的基本单元，无论是从起源上还是从社会生存形态上，"家"都是人类生活的基本单位和原始形态。

中国的"家文化"对于社会的发展具有重要影响。当今世界正处在大发展大变革大调整时期，存在诸多不稳定性，面对日益突出的全球性挑战，"构建人类命运共同体"思想应运而生。人类命运共同体理念超越了民族国家利益和意识形态，是"家文化"理念在民族国家意识领域的抬升，二者具有内在一致性。

习近平总书记关于家庭家教家风建设的重要论述，是定位、定标与定法三者的统一。从定位的视角来看，通过对社会主要矛盾的精准认识，深刻把握了新时代家风建设面临的新矛盾、新挑战、新压力等根本问题。从定标视角看，家庭家教家风建设的重要论述，指明了新时代要构建爱国爱家、相亲相爱、向上向善、共建共享的中国特色社会主义家庭文明新风尚。从定法视角看，新时代家风建设既要坚持以人民为中心的发展思想，也要坚持道德建设与法治建设相结合，还要坚持两点论与重点论相统一的辩证思维方法①。

李新异老师创办的"新异心理"值得我们学习，其团队精神体现的是"解决问题"。《让爱回家》书稿提出了很多"人人心中有，个个口中无"的论点，让家庭文明教育达到"开天窗，接地气"；在学习中"既仰望星空，又脚踏实地"，做到"收获的是精彩，难忘的是记忆"。我们应该用这段话来激励自己："不是看到美好，才选择出发，而是走下去，才看到美好！"《让爱回家》的创新路永无止境，我们永远在路上！

让我们用《让爱回家》书稿的结束语来相互勉励：每个人都可以成为自己家族的"人文始祖"，一切从我做起，从我开始，从立志开始，从我们的起心动念开始，从学习和改变开始，理顺我们的家庭正负能量。然后身体力行、修身齐家，从我们每个人做起，让家人快乐，也让我们的家庭幸福、社会和谐。

广东社会学学会副会长

广东社会学学会潜能开发研究专业委员会主任

谭昆智

2022年7月2日

---

① 潘建屯，牟凤桃.习近平关于家庭家教家风建设重要论述的定位、定标、定法[J].攀枝花学院学报，2022，39(4)：78.

目录
Contents

001· **第一讲** **掌控命运之匙**

思想决定一家之兴衰

心念的力量，难以置信

人设：谁编写了你的"底层代码"

011· **第二讲** **你的家，快乐吗**

家庭正负能量的体现

家是最应该用心去经营的地方

"积善之家，必有余庆；积不善之家，必有余殃"

025· **第三讲** **可改写的家族基因**

情绪如何在家庭中传递

代代相传的不只是血脉

"一朝被蛇咬，十年怕井绳"背后的秘密

037· **第四讲** **"坏孩子"与"乖孩子"**

生命状态的强与弱

坏孩子或成"千里马"

乖孩子也许"出门难"

在日常生活当中，我们对自己的起心动念和情绪的状态是缺乏觉知的，我们对情绪造成的影响也知之甚少，但其实你内在的观念、思想和情绪，与你为人处世的状态和身体健康的联系是密不可分的。

相信大家都有过这样的经历：如果我们在负能量当中低迷地过了一整天，一回到家，你就会觉得很累、很辛苦、很疲劳，这时你就只有休息、清空自己，才能得到修复。

如果我们一天都是在正能量里面，激情高涨，整个人的状态很好，忙完一天下来也是很精神的。如果夫妻说话也是这样，那是不是也会变得很好？夫妻之间如果说话都是"喜欢""谢谢"，非常平和，是不是整个家庭就在一个正面循环里？如果我们总是讨厌、埋怨、指责一个人，自己和别人的身心是不是都会受到影响？

大家也都知道，现在孩子接触的动画片和游戏等的审查都非常严格，常规的影视作品的审查也都是很严格的。因为孩子们缺乏辨别和抵御的能力，在看到这些影像时，他们会吸收其中的负能量，有的孩子就会萎靡不振、胆小怕黑，甚至是自我封闭，这都是因为被负能量控制了！好与不好的语言和情绪，孩子都能够快速吸收并产生反应。那么我们就要好好去回想一下，在家庭里面，平时是怎么跟孩子说话的？夫妻之间又是怎么说话的？

当我们与家人之间相互赞美、相互支持、相互理解的时候，你看这个家是不是非常的和谐、快乐？相互之间如果打骂、指责，连话都没得说，那家庭也就面临着解体的险境。

想想我们的父母有没有关心过孩子？有没有真正去了解、关心、理解孩子？夫妻之间说话的状态是什么样子？在日常生活中，各种各样的东西都代表我们的交往模式、身心状态。父母在孩子面前说话，很可能表现的都是些大问题，但是自己不觉得，也没有看到，结果对亲朋好友、对孩子造成了伤害我们还不知道。

思想引起的问题太多太多，也就是说，我们的问题都与微观中的思想和心念有关系，只有在微观的状态里去寻找了解，我们才会知道，才会明白问题形成的根源。

"新异心理"用高端心理学方法，也就是"潜意识情景对话"技术，深入到潜意识里，去处理各种情绪，如焦虑、紧张、恐惧、害怕等，结果我们发现，几乎每个人都受到了父母思想心念的影响。今天我们的心理学前沿应用技术已经非常成熟，可以很轻松地把每个人带入潜意识里。带入潜意识不一定要催眠，可以在很清醒的状态下很自然地进入潜意识，有时来访者甚至都不知道已经进入了自己的潜意识。

进入潜意识，可以很清楚地探测到大脑"内存"里搜不到的记忆。举个例子，我们可以把你重新带入小时候，让你重新经历成长的过程。你就会看到在你小时候，爸爸妈妈的思想状态、情绪对你的影响，特别是他们的思想造成你今天相应的状态。最终你会发现，你今天的痛苦，可能都与这个有关系。

所以，父母的思想心念就是在编写人的人生状态的底层代码。

"新异心理"解决了很多自闭症孩子的问题，有一些医院诊断孩子患有自闭症，但讲不清楚问题形成的原因，而我们则把问题形成的原因找到，这样解决问题就会比较快。

普通心理学可能觉得这个问题没办法处理，但是我们用"家庭正负能量理论"，用"潜意识情景对话"技术，就能很快地找到问题的症结

让爱回家的作业

静心思考后，以喜悦的心情写下孩子的十个优点，并当面赞美孩子。当然我们也可以扩展一下，把丈夫、妻子的十个优点写出来，当面赞美；也可以把我们的爸爸妈妈、爷爷奶奶、外公外婆的十个优点写出来，当面赞美。

优秀妈妈作业选登

听了李新异老师的课，我的总结如下。

孩子的十个优点：

1. 观察、感知能力强，可以很快观察到事物和人的变化特点。在参加观鸟活动的时候，常常比老师发现得还要快。

2. 与人为善，和周围的邻居、同学相处得很和睦。到一个新的环境，很快能融入其中。

3. 动手能力强，折纸、拼图等，一看即会，拼得非常快。

4. 运动能力强，跑步、跳绳、羽毛球都比较擅长，这学期在校运会上参加跑步比赛，为班级争得荣誉。

5. 守时，上学期间很重视按时到校，不迟到、不早退。

6. 对大自然有好奇心。喜爱观察动植物，环境保护意识强，并向周围同学普及相关知识。

7. 音乐素养好，从小跟着父母听古典音乐，并学习弹古琴。音乐鉴赏力较好。

8. 思维灵活，有创意、会玩，善于调动家庭气氛。有时候家庭有些沉闷时，就想办法让家里氛围轻松一些。

9. 尊敬长辈，对爷爷奶奶很有礼貌，每次参加家庭聚会时都很配合，与亲戚相处也很有礼貌。

10. 心胸开阔、不记仇，有时候和父母生气，很快就重新和他们交流，不放在心里。

老公的十个优点：

1. 正直、善良，对比自己弱小的人有同情心和爱心，与人为善。在外面见到小动物，也会自然流露爱心。

2. 注重仪表，挺拔、伟岸，昂首挺胸，形象、气质好。

3. 追求卓越，学习上、生活上对自己的要求都比较高，有自发学习的动力。

4. 喜爱艺术，弹吉他、古琴，不怕吃苦，天天训练，在艺术上不断攀登高峰。

5. 文笔好，写的文章有思想、有见地、有自己的特色，得到很多人的赞誉。

6. 爱家、爱孩子，为了家庭幸福，放弃了一些自己个人的事情，专心陪伴家人、孩子。

7. 自律、严谨，对自己要求高，比如练琴坚持每天都不停止，练字也是有机会就练习，日积月累，效果就得以显现。

8. 孝敬父母，常常去探望父母，和他们聊天，帮他们做一些生活中的事情，也和他们交流思想上的问题。

9. 和哥哥、姐姐都相处融洽，家族成员之间互相交流和帮助，逢年过节都聚会、沟通。

10. 愿意接受新事物、新思想，我学习一些新的理论，他也愿意和我交流，了解我学的东西，对我的学习很支持。

第二讲

你的家，快乐吗

家庭正负能量的体现

我们的思想念头是一种能量，如果把从思想到行为的过程比作一棵树，那么思想性格就是根部，往上走的枝干部分就是情绪，再往上的语言和行为及其导致的结果就是叶子和果实，问题的显现也就在这里。

家庭正能量所体现的状态，首先就是和谐、理解、包容，包括父母的豁达、仁义、互助、相爱。

一个家庭首先是围绕父母构建的，爷爷奶奶是家庭正能量的主体。如果爷爷奶奶很和气，待人接物很包容，同时胸怀豁达，非常仁义，这就能传递好家风。相应地，子女也乐意生活在其周围，子女的同学朋友也都愿意到这个家里来做客。为什么？因为这个家里呈现出一种"和"的状态，对人产生很大的吸引力，他们希望感受这个家的良好家风。

爷爷奶奶传递正面能量时，我们的儿女在成长过程中也会传承、体现和表现出这些正能量。为什么？孟子讲"爱人者，人恒爱之；敬人者，人恒敬之"[1]，因为他们在构建家风时把这些正面能量存到了孩子的身心里，就像往银行账户里存钱一样。热情开朗、乐善好施、替他人着想、吃苦耐劳、乐观的心态、快乐幽默都是正能量。相应地，我们的孩

---

[1] 朱熹.四书章句集注[M].北京:中华书局,2011.

子也会自然地体现出热情开朗、积极向上的状态，愿意跟朋友交往，融入社会，不去纠结。所以在一个家庭里面，形成正能量循环，构建好优良家风之后，儿女的成长必然也受到正面的良好的影响。

教育不是说教，教育首先是言传身教，正负能量都会带给儿女，使其代代相传。正能量的代代相传，首先体现在父母之间的恩爱豁达。

我们单位有一位老师，她和她的父母及兄弟姐妹，整个大家庭表现出来的就是非常相亲相爱与和睦，为什么？因为父母做得很好，特别是母亲做得非常好。母亲在任何时候都能以父亲的出发点为出发点，做好所有人的支撑，相夫教子，包括家庭的事务，都处理得很好。特别是对于丈夫的尊重，不仅用语言尊重，而且以行为做出榜样，所以家里循环的就是爱、理解及快乐。

我的父母结婚至今已七十年了，他们非常恩爱。我父亲已经96岁了，每天黏着我的母亲，我的母亲仍然会跟我的父亲撒娇。我们兄弟姐妹一回到家，自然会围绕着父母，一起开心快乐。我们自己也懂得怎样去构建一个快乐的家庭，这就是父母传递给我们的正能量。怎样做到这些呢？其中一点就是改变我们的身心状态，去看别人的优点。

大家千万注意，看别人的优点，是因为你有欣赏别人优点的眼光和胸怀。自然，你所表现出来的心理状态就会完全不同，散发出来的东西也是不同的。自然，你所看到的都是别人的好，别人的善良，别人的优秀，别人对自己的好，别人对自己的恩情，那你自然就会谦卑、感恩、恭敬所有的生命。自然就会影响并传递给你的子孙后代。

要使我们的智慧打开，心胸打开，要让我们变得有智慧，我们必须具备一点，就是看到别人的优点，看到自己的缺点。看到自己的缺点不是自卑，而是看到并知道自己的不足，然后去改变。我们看到别人的优点，同样会对照自己做得不如别人好的方面。

我以前生活在大学里，周围都是高级知识分子，我父亲面对任何一个人首先是立正站好，然后90°鞠躬说"您好"。无论对方是知识分子还是普通工人，只要他认识的都会这样去做，这就是身教的财富，自然而然就会传递到我身上。

一个人要打开智慧，要有灵性的成长，首先就要懂得看别人的优点。我们看别人的优点也能促进我们智慧的打开，改变我们的大脑思维结构，从而提升自己。

中国古人讲"行孝积德"就能改变我们的身心状态。为什么呢？因为人的思想很单纯的时候，事情能够做得很坦然，内心世界充满光芒；你做得很纠结、很难受，是你的头脑很复杂造成的。所以一切好的善行，都会改变我们的内心。

《周易·系辞传》讲"积善之家，必有余庆；积不善之家，必有余殃"[1]，也就是你把点点滴滴，每件细小的事都当成一件善事认真去做好，你收获的就会是开心快乐。你生活在这个世界上不会有罪恶感，无论富贵与贫穷你都会安心。

中国人有一句老话："为人不做亏心事，半夜不怕鬼敲门。"你没有做亏心事，没有任何担心，你的内在自然是饱满的，状态是很好的。

如果家庭充满的是负面能量，会是什么样的体现？

---

① 杨天才,张善文.周易[M].北京:中华书局,2011.

首先就是焦虑。今天，许多人就像热锅上的蚂蚁，什么都焦虑。

焦虑什么？有没有房子，有没有钱养老，有没有保险，父母病了怎么办，孩子有没有未来，老公爱不爱自己，老婆爱不爱自己，爸妈对我好不好，兄弟姐妹对我好不好，等等，全是焦虑。

面对焦虑，接下来就会发生争吵。所以负面能量体现出来的另一个特征就是争吵、争执，不断强调自己的观点，强调自己的观点跟对方的观点不一样，坚持自己的观点，没有包容理解。所以夫妻之间就会相互指责，然后破口大骂。

因为我们不能包容，没有承受批评的能力，我们也不知道怎样去开玩笑，所以我们以否定对方为乐。这些都是负面能量。

为什么否定对方呢？因为感觉自己也被对方否定。你否定了我，我也来否定你。时刻把自己摆在一个被动的位置，觉得自己很苦大仇深。如果你不觉得自己苦，怎么还会这样对别人呢？所以古人讲"以德报怨"，以你的德行回报别人的怨，宽恕别人。

宽恕别人的"恕"是什么？是"如"和"心"组合的，就是将心比心，如对方的心意。

一个家庭表现出否定、责备、争吵、焦虑、打压这些负能量，孩子在家里是什么感受呢？就会没有家的感受，没有温暖。夫妻在这种状态下也会觉得缺乏温暖。

所以我们要从爷爷奶奶传递给子孙后代的正负能量的状态开始反思。比如老人家年轻时物质匮乏，过的都是苦日子，到了大家都奔小康的今天，往往就没把思维转换过来。我们常讲"忆苦思甜"，很多老人家忆苦了，却没有看到甜，全是抱怨，"年轻人没吃过苦""年轻人心理真脆弱，我当年那么大的困难都挺过来了"，如果老人家总是把过去的苦挂在嘴上，整天唠叨、抱怨，这同样也是巨大的负能量，会给子女造成很大的心理压力。所以儿女不愿意生活在老人家身边，不愿意待在家里，家就成了一个旅馆，一个临时落脚的地方。

夫妻之间也是这样，如果一回到家就是争吵、指责、否定，"你为什么赚不了钱？""你为什么这样？"……丈夫听到的全是指责，没有对他的理解，丈夫也就不愿意回来。

相应地，如果丈夫回来对老婆也是指责，妻子也会成为一个怨妇。在我们接触的这么多案例里，全职母亲出现这样的情况尤其多，自己在家带孩子，一个人待着无聊，没有人交流交往，没有人理解，她不成为怨妇成为什么？特别是当丈夫还不理解她，认为这一切都是正常的。

你指责妻子越多，她逃不出去，所以就成了怨妇，之后回过头来就会指责你，一报还一报，然后你发现受不了，家里多了一个"魔"。最后你就逃避，不愿意回这个家，或者想找另一个女人去温暖自己。

为什么？

说白一点，是因为你作为一个男性，却没有创造快乐和谐的能力，不懂欣赏别人优秀的地方，不能理解妻子对你的付出。

大家要明白"重男轻女""大男子主义"这些传统观念对我们的不良影响，在今天，女性不需要依附男性也可以在社会上有自己独立的地位，但在家庭中依旧要做好妻子和母亲的角色。

那做丈夫的呢？你的内在能力达到了吗？你能明白内在能量对一个生命的影响吗？你有没有把自己做好？

你说在外面很忙，那确实忙，要工作要赚钱，但是你有没有把你的后方搞好？有没有想到你的家是需要你去奉献的？如果你常常缺席，家庭会幸福吗？

你想活在一个怎样的家庭环境里面？这个家是你每天回来要"充电"的地方，结果你充不上电，遇到的都是焦虑，怎么办？整个家庭就会面临巨大的负面问题。

负能量一旦在家庭里面循环，子孙后代产生的问题就会一个接一个。

当我们父母处在争吵指责时，儿女会呈现什么状态呢？因为人在这种状态下会产生各种各样的情绪，包括紧张、恐惧。

所以你的儿女跑得远远的，不愿意回家，更不会带朋友到家里来。朋友、同学来你家跟受罪一样，谁愿意去？家里循环的都是指责、互相伤害，就感受不到温暖。

一些父母抱怨说自己很辛苦，好不容易拉扯大儿女，但是想要得到儿女的孝敬却很难。为什么？因为你的儿女都不愿意生活在你周围，因为你传递的都是负面的能量，都是唠叨、指责、谩骂，全世界都能听到你的不满。

当我们总是处于紧张、焦虑、争吵、指责，表达对立的观点时，我们的世界就会越来越小，心胸也越来越小，看不见开心的事情。而我们通过修心，提高我们的智慧，看到别人的优点，开智开慧，让我们的子孙后代全部生活在快乐中，这就是在积福报。

若你对孩子的关心爱护全带在指责中，谁愿意接受？

你说你是"刀子嘴豆腐心"，但是，人的心是受不了的。其实"豆腐心"是你内心的紧张、焦虑、脆弱，以"刀子嘴"的方式来控制别人，这都是不对的。

如果我们家庭里面循环着这些负能量，那首先是儿女会复制你的状态，后面是儿女的儿女也会出现问题。

有一个案例：一个三岁的女孩胆囊堵塞要做手术。孩子的姑妈正好参加过我们"新异心理"的家庭正负能量课，然后紧急安排我远程线上给孩子父母做咨询。

通话时，孩子的父母在医院，我请父母找一个安静的地方，然后我讲，根据孩子平时内向、心理脆弱的状态来判断，导致孩子胆囊出现问题的第一个原因是紧张。

为什么紧张呢？那一定是父母经常相互争吵、指责，闹离婚，同时总是批评孩子，孩子才会紧张。

任何人在面对批评指责时都会紧张，不是所有人都有很强的抗压能力。有的生命是比较脆弱的，比如这个孩子，她的抗压能力就比较弱。然后我跟孩子父母讲："你们夫妻之间争吵指责的状态，以及对孩子的粗暴状态，导致孩子身心紧张，可能导致胆囊出现问题。我们常说虎胆英雄，人没有胆气，就容易吓着，容易紧张，相应地导致身体的变化。"

孩子爸妈一听就明白了，马上说："好，李老师，我们知道了，是我们做错了，我们夫妻之间平时就是在相互批评指责，对孩子也是批评指责。"

那怎么办？

我告诉孩子爸妈，赶快回到病床边上抱着孩子，一起向孩子道歉，跟孩子表达爱。

为什么要道歉呢？因为你说出来的语言，就是表达你的心态，孩子能听懂你的心态，你不道歉，她不知道你心里想的是什么。

有的人不理解，说道歉有什么用，说两句话就能有用了？人是情绪动物，正因为我们不会表达，我们才不知道我们说出来的话是怎样影响别人的。当父母跟孩子道歉忏悔，孩子一般会很快原谅父母的。

他们回到病床前跟孩子道歉说："孩子请原谅，爸妈做错了，爸妈向你道歉！爸妈是恩爱的，也是爱你的，请你不要紧张焦虑。"

我们可以跟子女对话，夫妻之间也可以这样对话。爸爸接着在病床上搂着孩子道歉，孩子睡觉的时候继续跟孩子对话："对不起，爸爸做错了，爸爸爱你，爸妈都爱你，不应该骂你、指责你，请你原谅。"

孩子听到父母说的这些话流了很多眼泪，愿意跟父母亲近了，孩子紧张的心放松下来，不再担心焦虑了！而且能吃能睡，脸上有了笑容，脸色也红润了！

在孩子父母的精心照顾下，孩子很快就出院了。此后，身体上也几乎没再出过什么问题。

这说明什么呢？思想就是一种能量，也会影响身体，特别是对我们的孩子，孩子一旦听到和看到了父母真诚道歉的言语和行动，她的心结就打开了，她的担心焦虑也就放下了，情绪也就平和了，身体不会一直处于紧张焦虑的状态，也就不容易生病了。

今天，我们"新异心理"对生命的探索和认识已经很深入，在我们的帮助下，短短的一两天时间，这个孩子的精神状态和身体状态都发生了质的变化。

从这个案例我们不难看出来，人的情绪会对自己的身体及他人产生很大的影响。《中庸》讲"喜怒哀乐之未发，谓之中；发而皆中节，谓之和"①。不能为了发泄而表达，而是要消除情绪的影响，还原事件发生的过程，适度地表达自己的感受。

中华五千年文化，演绎的就是一个"和"字。家和万事兴，和气生财，和睦、平和，全部都与"和"有关。"和"是能量平衡之后我们内在所表现出来的状态。

我们看有些老年干部，他们平易近人，而不是咄咄逼人，没有锋芒，很和气，人也很开朗，为什么？就是他的人生经历带给他的。他看问题不再是从锋芒的角度，不是用锋芒去针对别人，而首先是理解别人。

一个境界高的人，他会体现什么状态呢？首先就是理解别人。

所以孔子讲"六十而耳顺"②，所有的东西就是"哈哈哈，是是是"。你发现首先是"耳顺"是吧？如果人家说一句话你难受得要命，你就不想听，是不是？我们主要的表达都是从我们的语言出来的。所以我们的抗拒、不愿意听，都来源于我们的语言表达。"耳顺"后我们就能接受别人、接纳别人了。

什么是允许？允许，首先你得"耳顺"，"耳顺"了你的心跟着也顺了。心不顺，耳肯定不顺，你说"好好好，是是是"，结果还是老样子，你的状态并没有发生本质变化。

这些就是正能量和负能量对家庭、对家族产生的影响。人与人之间交往会产生很多我们说不清道不明的问题，感觉这个人怎么说也说不通，其实很可能是有背后的因素，这些背后的因素我们会在后面的课程里系统地去讲。

---

① 冯映云.中华文化经典读本[M].广州：暨南大学出版社，2013.
② 冯映云.中华文化经典读本[M].广州：暨南大学出版社，2013.

家庭正负能量的复制和传递原理

受原生家庭父母的影响

家庭正负能量传递

具有无条件性、无意识性、类似性、周期性、隐蔽性的特点

男方父母　　　丈夫

女方父母　　　妻子

儿女

小 结

　　孟子讲"爱人者，人恒爱之；敬人者，人恒敬之"①，构建家风时把正能量存到孩子的身心里，就像往银行账户里存钱一样。教育首先是言传身教，正负能量都会传递给子孙后代。一个人要打开智慧，要成长，首先就要懂得看别人的优点。行善积德可以改变命运，一切好的善行，都会让我们的内心发生改变。学会宽恕别人，家人之间不要再唠叨、指责、谩骂。思想就是一种能量，可以直接影响人的身体健康。

📖 让爱回家的作业

　　写出家庭生活中正能量和负能量的体现。

————————
　　① 朱熹. 四书章句集注[M]. 北京: 中华书局, 2011.

 优秀妈妈作业选登❶

听了李新异老师的课，我总结出了家庭生活中正能量和负能量的体现。

正能量：

1. 勤奋好学、努力进取、拥有医师资格证、眼科主治医师资格证、执业药师证、健康管理师证。

2. 努力赚钱、勤俭持家，从一无所有，通过努力，到拥有县里一套房、市里一套房，还换了自己喜欢的小轿车。

3. 讲卫生、爱干净，把家里收拾得整整齐齐、干干净净。

4. 孝敬父母，扶持弟弟，热情为亲朋好友服务。

负能量：

1. 强势，力压老公和儿子，希望他们都能按照我的要求来做。

2. 脾气暴躁、没耐心。

3. 对儿子管控过多，只追求成绩，忽略他的健康成长。

4. 经常在家抱怨生活和工作的不公。

 优秀妈妈作业选登❷

"家庭正负能量的体现"，好的教育是言传身教，一代一代往下传。记得小时候，听姐姐说她在某位同学家，全家一起包饺子，在轻松愉快的氛围中，很快就包好了，而在我们家，就觉得包饺子这样的家务活是非常劳累、麻烦的事情，做起来非常吃力。

现在回想起来，包饺子是同样的劳动，而不同的家庭氛围给人带来的感受却不相同。虽然我没去过那位同学家，但我猜想她家一定是和谐、温暖、有爱的，在那个环境里，大家分工协作，做什么事都会觉得轻松愉快。我家里，我小时候感受比较多的是妈妈对爸爸的抱怨、对孩子的控制。现在给我留下深刻记忆的，是父母激烈争吵的画面，这些都给当时幼小的我种下紧张、害怕、胆怯的种子。

总结一下自己家庭的正能量：

一是为人诚恳、勤奋，爱人和我都比较爱学习，有点时间就愿意弹琴、读书。

二是尊重长辈，和孩子爷爷奶奶、外公外婆常电话联系，抽空也去探望。

三是有学习氛围，家里最多的东西就是书。老公和我都在不断学习，老公学习音乐，我现在学习心理学，还学习声乐、朗诵。

四是不抽烟、不喝酒，也不参加打麻将、赌博这些，没有什么不良的嗜好。

家庭中的负能量：

一是焦虑，担心孩子的学习成绩，担心孩子的前途，时不时对孩子进行说教。

二是家庭成员之间看别人的问题和指责比较多。虽然我说自己有很多问题，让老公、孩子给我提意见，但当他们真的说起来，我就习惯性地想反驳，不能虚心接受批评。这些习惯都会给孩子带来影响，当我

们说起他的缺点时，他也是想方设法为自己辩护，不能耐心听别人把话说完。

三是家庭成员经常互相影响，当三个人之间有隔阂、不能敞开交流时，家庭氛围就会很沉闷、压抑，生活在其中，感觉很不舒服。

四是对孩子鼓励赞美少，即使有，也不是发自内心的。表扬一句，后面经常跟着更多的要求，期望他做得更好。

第三讲

可改写的家族基因

情绪如何在家庭中传递

里出西施"一般，看到的都是好的。

但是因爱而生恨的时候，这个人突然就转到另外一面，看对方满眼都是不好的。为什么？就是因为我们心念的改变，对恋人的感觉突然一下就转到反面、负面。在这个时候看到的全是负面的，看这个人就觉得没有一点好的，把对方不好的东西瞬间放大。

能量还会体现在什么上面呢？我们的能量在用的时候就到达所用之处。如学生在专注地学习、工匠在精益求精地工作、文人认真写作的时候，能量就全部到了头、眼、手部。

在这个时候我们会感受到我们的心是清净的，感官也可以屏蔽外在的干扰，虽然我们可以交流，但是我们全然地专注在这个当下。就像高手下棋的时候，旁边人讲什么他都没有听到，是因为他在认认真真地按照他自己的思路下棋，所以就呈现出这样的状态，六根关闭。

一个人高度专注的时候，耳朵肯定是可以"关闭"的，外面人说什么他是难以听到的。

我在二十岁的时候就经历过这样的事。当我专注做一件事情的时候，旁边的人拿两个高音喇叭在我耳边同时对着我播放迪斯科音乐，我却没有任何反应，为什么？因为我完全沉浸在我专注的事情里面，一直到大家把我摇醒，我才从那个状态中出来。

我们专注、聚精会神的时候，能量就聚集在我们的头部，当我们放松的时候，这个能量就转移了，能量散开时就感觉自己像跑了一场马拉松，没力了。所以作家写完一本书以后，发现他进入到这种状态太深了，从写作中出来后，他再想要回到书中的情节时他也就不愿回去了。棋手比赛也是一样的，比赛完了以后才感觉自己像跑了一场马拉松一样，聚集在头部的能量通过思考都耗尽了。

正面情绪和负面情绪也是一样，负面情绪虽然不好，但是我们转念之间可能就会变成好的。一个人整天沉浸在苦难之中，被折磨得实在不想活的时候，他会突然觉得我为什么活着，人为什么活着。"我是谁？""我从哪里来？""我将来死后到哪里去？"人生的终极问题，在这个时候就会呈现出来，那么一呈现出来他这个念头是不是就会开始转变了？

"我是谁？"这是哲学的终极问题，也是生命的终极问题，所以说，他就会探寻生命。

所以苦难是渡人的，烦恼也是渡人的。为什么？你从烦恼中能够看到小我的执着，当你看到、看破小我执着的时候，你的大我自然就会呈现出来。为什么？因为你的觉知就是来自大我。

这里还要跟大家讲个什么问题呢？讲我们的情绪爆发以后，情绪去了哪里？

第一，情绪会存在于我们每一个人的身体里。比如中国古人讲怒火伤肝，怨伤脾胃。当怒火过于旺盛的时候，很可能肝脏就会出问题，怨恨太多的时候，脾胃就会出问题。一个人怨气太多，沉淀在整个身心里面的问题就会越来越多。

第二，人的情绪爆发完了，停了一阵，我们以为它消失了，但其实不是，它还存在于我们的深层潜意识里。

我们的大脑是一个会遗忘的器官，我们以为时间会让我们遗忘一切，其实没有遗忘，情绪只是进入了我们的"后台"，也就是我们的潜意识里，将来遇到类似事件时它还会发作。痛点出现了，将来再遇到类似的事件，甚至相近或相同的声音、景象和气味等因素，潜意识就会被触发。

所以，当我们用前沿的心理学应用技术，深入到潜意识里面把这一切调动出来的时候，我们就会看到痛苦依然在那里，它会反映到我们未来生活中的各种情绪状态里，以及跟人交往的状态、模式里面，它并没有消失，只是转化了一个存储方式。

第三，情绪还会存在于他人的身心里，孩子尤其储存得多。你想想看，父母在不断发脾气的过程中，很有可能给孩子带来严重的影响，影响孩子的整个身心状态、生命状态，甚至他未来的整个情绪、性格全被父母影响了。

为什么？因为在父母情绪爆发状态下，孩子会产生相应的应激反应，包括激烈的情绪和思想，而这一切，最容易形成潜意识。

生命早期的潜意识都会受父母因素的影响。

家庭能量潜意识冰山图

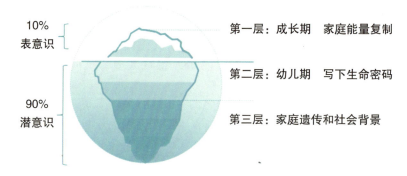

10%
表意识

第一层：成长期　家庭能量复制

第二层：幼儿期　写下生命密码

90%
潜意识

第三层：家庭遗传和社会背景

请看上面的冰山图，水平线下面，90%是潜意识，上面10%是表意识。

所以，孩子在幼儿时期，父母的身心状态就奠定了他的未来。父母的心态，也包括父母的性格爱好、情绪情志，父母与各个家族成员的关系，还有工作关系及社会大环境的因素，等等，都记录在孩子的身心中，记录在孩子的深层潜意识里，这些将来就会影响到孩子的状态。

再往下走，成长期时父母如何养育孩子，又是一门大学问。

我们有没有遵循古人所说的用好的因素去养育孩子？有没有"童蒙养正"，培养孩子的德行，同时也培养我们自己的德行？我们跟孩子互动过程中，父母是恩爱的，是相互鼓励赞美、相互尊敬的？还是相互指责、打骂、争吵的？如果父母不断地指责、挑剔孩子，总也看不惯孩子，就会导致孩子未来的身心状态出现严重问题。

孩子被指责、挑剔太多，他们就没有自信，人格成长就不健全，做事就会不自觉形成自我否定的状态，等等。

所以，父母的情绪发泄出来后，是不会消失掉的。我们以为情绪被遗忘了，但是它可能进入到孩子潜意识的后台，从而形成一系列的问题。

为什么？

因为进入后台的全是潜意识。爸爸妈妈的一句话可以影响孩子一辈子，那这就是潜意识；爸爸妈妈的一个行为会影响孩子一辈子，这也是潜意识。在当下的那一刻可能被遗忘，但是未来在某种条件下可能又会呈现出来。

举个例子：有一个成年人，这一辈子跟其他人的关系总有一些问题。有些什么问题呢？信任感不够。她一直搞不清楚这个问题是从哪里来的，所以自己的婚姻状态等都不理想，人都已经到五十多岁了。后来

通过"潜意识情景对话"深入到潜意识中才看到自己的问题所在。

当咨询师把她带入童年，她就看到了一个景象，她小时候在幼儿园读书的时候，妈妈说幼儿园今天吃南瓜饼，结果她去到幼儿园，发现幼儿园没有南瓜饼吃，只是给了她一个很小很小的土豆，肯定吃不饱。她妈妈也是开幼儿园的，当她回到家里，看到妈妈做了很多南瓜饼，准备拿去给幼儿园其他小朋友吃，她也很想吃一个，但妈妈没有给她。同时妈妈还批评她，而且说："你在幼儿园不是已经吃了南瓜饼吗，为什么回家还要吃啊？"

她就很愤怒地说："幼儿园没给我们吃南瓜饼，骗了我们，现在回到家里面，你也不给我吃，你不相信我。"所以她就对成人世界产生了强烈的不信任感。

我们在她与"潜意识情景对话"的那一刻，找到了她这个情绪的原因，她就看到这个"因"与自己后面人生的所有事情都有关联。原来是从那一刻起，自己就产生了对成人世界的不信任，影响到她后来跟人交往的关系。

一个小小的南瓜饼，这么一个事件就可以影响一个人的一生。类似的案例还有很多很多。

再举个例子：有一位父亲，因为女儿长得很乖巧，所以父亲跟女儿说了一句话，说了一句什么话呢？"男人是不可信的，所以未来你跟男性交往的时候一定要注意，一定要保守，千万不要随意信任男人。"

爸爸爱护女儿，本意是希望女儿不受到别人的侵犯等，没想到这句话成了她的潜意识。在她后来的人生过程中，她的婚姻以及与男性的交往全部都呈现出一种带着隔阂的状态。原因就是她记住了父亲那一句话。

如果我们不找到这句话，不找到这个"种子"并把它进行格式化，那她父亲那句话会终生影响着她。这就是潜意识对生命的影响。

叶 —— 行为和疾病等表象

枝 —— 心理和情绪

茎 —— 起心动念

根 —— 潜意识

如上图所示，把人的生命比喻成一棵树，根部就是潜意识，这个潜意识是怎么形成的？那就是能量流在整个人生过程中不断地沉淀影响所致，当然还包含着更深层的因素，我们随着课程的开展一层层去讲。

再往上走，到了树干部分就是我们的起心动念，一个念头所产生的不好的因素、不好的情绪，会在这个过程中逐渐形成或者成为潜意识，成为那个后台程序，然后开始影响我们。

再到上面就是树枝，那就是心理与情绪的反应。所以说心理、情绪都是枝叶的反应，疾病是更上一层的反映，已经到了树叶这个地方了，由此可见我们的底层和起心动念很重要。

为什么我们要从起心动念开始觉知自己？因为我们的一个念头会像一个种子一样种下去，种在哪里？种到我们的潜意识里面，然后在那里储存，将来某一天发芽、开花、结果。

俗话说"一朝被蛇咬，十年怕井绳"，潜意识中牢记的一个事件就会影响很深远。

爸爸妈妈打了小孩一嘴巴，这也会成为一个潜意识的种子，包括批评也会，逐层地显现和反映出潜意识的状态，这是讲的是作为一个正常状态呈现的情况。

那么非正常状态、被动性的呈现，就是能量的传递，这个能量的传递就是来自父母不同的心态。

我们常说母亲教育非常重要，但是母亲对孩子的影响不是独立存在的，母亲自身一定也受周围环境的影响，一定会受父亲的影响。为什么呢？因为母亲在生育、养育孩子过程中也肯定希望得到孩子父亲的鼓舞、爱护、赞美。

如果作为孩子父亲的这个角色不能很好地照顾、爱护自己的妻子，那母亲内心是不是匮乏的？孩子也是能感受到这一切的。所以母亲在养育孩子期间是会受到环境影响，受到丈夫影响的。孩子不只接收妈妈的情绪，同样会接收爸爸的情绪。

养育生命的过程，在有些心理学应用技术里面被形容为"系统动力"，其实也就是一代一代传递的家庭正负能量在背后影响着生命。而这一切，我们都可以把它归结为一个东西，不论是一个什么样的系统，都可以归结于一个东西，就是念头！就是起心动念。

当我们找到这个念头，只要真实地完成这个转念，生命就会绽放，生命就会从这个动力系统，从这个家族能量体系里面的负能量当中走出来。但是你首先得意识到、认识到这个念头。

我们这节课主要是讲能量的传递，人的情绪是能量的体现形式之一，父母的情绪会存留在孩子的潜意识和身体里面，形成家庭正负能量，一代一代往下传。表现出来时就是家风的不同状态。修改这种能量状态，就包含着我们的转念，包含着学习传统文化、积德行善、去改变命运。

心理学的奠基人之一，弗洛伊德的学生荣格说："你的潜意识指引着你的人生，而你称其为命运，当潜意识被呈现，你的命运就已被改写。"这个跟传统文化里讲的觉知是一样的，就是你看到自己的潜意识了，这个潜意识是不是就显现出来了？显现出来，你才可能把这个东西改变。这也是我们今天利用心理学前沿应用技术所探测和研究的东西。

小　结

人的情绪爆发完了，过了一段时间，我们以为它消失了，但其实不是，它除了存在于我们的身心里面，还存在于我们的深层潜意识里。我们的大脑是一个会遗忘的器官，我们以为时间会让我们遗忘一切，其实没有遗忘，情绪进入了我们的"后台"，也就是我们的潜意识里，将来遇到类似事件时它还会发作，痛点出现了，潜意识自然会被触发。当我们看到这些潜意识，命运就在改变中。

 让爱回家的作业

以不满的情绪写下对家庭成员的愤怒和抱怨。

 优秀妈妈作业选登

听了李新异老师的课，我的作业，以不满的心情写下对家庭成员的愤怒和抱怨。

学习之前，我对家里人有各种各样的不满。

对妈妈：我不喜欢您对爸爸说话态度恶劣、总是有很多抱怨。您在家里凶、在外面胆小，我给您买东西，从来得不到您的赞扬，都是不满意、说我买得不好。一天到晚大姨长、大姨短，不关心我们姐妹，而去关心大姨家的孩子。她们给您买的东西，您就念念不忘，说买得好。一聊天就说别人家有没有钱、有没有社会地位，太世俗，我们简直没有共同语言。

对爸爸：我不喜欢您脾气急躁，无时无刻不在催人，不会干家务，离开妈妈寸步难行，家里杂物摆得满满的，每次去看您都闹心，动不动就说自己哪里哪里不舒服，没有办法和您好好聊天。

对老公：我讨厌你整天板着脸，喜欢指挥人，对孩子要求多，整天碎碎念、说教，还自以为是，认为孩子都该听懂，对孩子玩手机看得太紧。我讨厌你脾气上来就摔东西，让我和孩子都担惊受怕，一吵架就说要离婚，你以为家是件衣服，说甩就甩吗？还动不动就说全家人一起去死，真是乌鸦嘴。

对孩子：我讨厌你不听我的话，我说话时，你经常面露不耐烦或者懒洋洋的表情。我讨厌你回到家就关门，敲门也经常不理人。我讨厌你对待作业不认真、潦潦草草、应付了事。我讨厌你拿到手机、电脑就"掉进去"，整夜不睡觉，让我和你爸爸非常担心。我讨厌你在学校时常表现不好，老师找我时我很害怕，不想面对老师。你能不能少给我添点麻烦？

第四讲

"坏孩子" 与 "乖孩子"

生命状态的强与弱

我们来讲讲"坏孩子"与"乖孩子"的不同体现，以及不同的生命状态。

先说"坏孩子"。什么是"坏孩子"呢？其实这种"坏孩子"很多时候是被人为定义的。他的表现形式多种多样，他会表现出淘气、胆子大、爱当孩子王、拉帮结派、对抗、大大咧咧、整人、静不下来、捣蛋、调皮、多动、不听话，甚至有的会无法无天、谁都不怕、替人出头、爱冒险、逃学等，表现出各种各样的状态，还有很多表现，这里就不一一列举了。

于是我们就把这些孩子界定为"坏孩子"，特别是不爱读书、好动、不听话的孩子。

这些"坏孩子"到底是不是真的坏孩子呢？他是真的"坏"吗？很可能不是这样的，也可能他是个天才。

所以我讲，千里马都藏在"坏孩子"堆里面。我在几十年的咨询过程中见了很多"问题孩子"，最后这些"问题孩子"全部都成了优秀的孩子。

我们也会看到这种情况，有一些我们认为不读书、不听话的孩子，最后成了优秀的企业家甚至是超级富豪，成了某些领域里面的杰出人才甚至领军人物。

由此可见，我们所认为的"坏孩子"，或者"问题孩子"，并不一定是真正意义上的问题孩子。这与孩子的生命状态的强与弱有关。当然，这里的强与弱并没有褒贬，两种状态各有各的优缺点。

一个精力旺盛的孩子，你让他睡觉他睡不了，你让他静下来他静不下来，就像一个篮球，打足了气，轻轻一拍就蹦起来，这就是生命状态强的体现。

这类孩子长大后会呈现出什么状态呢？表现出行动力强、感召力强，男孩就喜欢美女，女孩就喜欢帅哥，喜欢选择好的东西，喜欢大气派、喜欢花钱，遇到事情拿得起放得下，不畏惧艰难困苦。

我们可能会界定这个人，觉得他的自信是一种狂妄自大，觉得他不谦逊，还很轻浮。喜欢帅哥美女，又喜欢花钱，是不是个流氓啊？其实这些都是你界定的观念，这些状态没有任何不好。

当然你可能会说，谁不喜欢帅哥美女啊？喜欢归喜欢，但真正去面对面交流交往的时候，生命状态强的人和弱的人的区别就体现出来了。生命状态弱的人见到帅哥美女不敢表达，也不敢看对方。但是生命状态强的人就敢看，就敢欣赏，哪怕你说他癞蛤蟆想吃天鹅肉，那他也是只自信的癞蛤蟆。

那这种自信的状态是怎么形成的呢？其实就是父母恩爱形成的，父母如果是恩爱的，孩子的整个身心状态就是稳定又健康的，他的精神头就是饱满的。

那这些孩子怎么会成为"问题孩子"呢？其实是单方面由我们家长和老师界定的，因为我们带着各种成年人的知见和认识去分析判断孩

子，我们就把他界定为一个"问题孩子"。

实际情况不是孩子有问题，而是我们父母的成长没有跟上，没办法理解孩子的生命状态。孩子专注的方面和项目如果与考试的内容无关，父母很可能会"一竿子打翻一船人"，认为孩子不务正业，更别说发掘孩子的天赋了。

比如说，有的孩子，他的注意力和精力分布在运动而不是学习上面，然后你就把他界定为"问题孩子"，你觉得读书读不好、不读书就没有未来。但是他的运动很好，开运动会的时候是不是就需要他取得成绩啊？将来孩子长大成人了以后，哪怕不往职业体育的道路发展，他也会在工作和生活中体现出他超常的精力和体力，这些就不一定是依靠读书能体现出来的。

当然有的孩子是德智体美全面发展，但我们往往是把个例当整体了，还跟孩子念叨"别人家的孩子"如何如何，其实大部分的孩子都是"偏科生"。大家也都知道孩子上学学习的过程，小学阶段有很多常识和通识内容，各个学科都是越往后就越深入、越困难的。孩子一旦在这个过程中发生偏科的现象，家长往往就开始着急了。但其实要雨露均沾的话，老天爷都会累坏的，人的注意力也很难分布在所有的学科上，家长在这个时候往往会"切长板，补短板"，这样做很容易把孩子的闪光点掩埋起来。

有的孩子学习能力强，学啥都像模像样；有的孩子精力充沛、爱运动，一天不折腾浑身不自在；有的孩子就爱一门深入，别的课都敷衍了事；有的孩子有艺术天分，就喜欢自己待着捯饬捯饬；有的孩子有领导力，组织同学朋友搞活动有条不紊；有的孩子喜欢理财和商业，可能从小就是个"财迷"。

可能大家很难理解喜欢钱的孩子，当孩子发现身边的人关心钱、紧张钱，他也有过花钱和"赚钱"（基本是零花钱和压岁钱）的体验之后，他自然会或多或少地对钱有感觉。

举个例子：有一个女孩在家中是大姐，不喜欢读书，始终读不好，妹妹读书就比姐姐强，所以姐姐很沮丧，反正读书就是不行，考试成绩也总是中下。毕业后找工作找不到，谁会要一个没有学习能力的人呢？

这个孩子的姑妈买了一台照相机，送给这个孩子，说："你就用这个照相机赚钱吧，你自己可以去开网店啊，卖什么东西都可以。"

这孩子特喜欢，就开始用这个照相机拍照，开了网店卖衣服，自己兼职做服装模特，结果成了网红。两年的时间赚了两套房子。

这时家里其他人就开始讲妹妹了，"你看你读书好有什么用，你光读书会赚钱吗？""读完书将来你能像姐姐一样赚钱吗？"

由此可见，我们对生命的界定，其实是我们的观念、认知造成的，并不是对这个生命的真实特征的认识。我们清楚地了解了每个生命的特征，顺着他的生命状态去培养他、养育他，这就是中国古人讲的真正的"因材施教"啊。

这些"问题孩子"，他从童年进入到成年社会，体现出与别人不同的特征。该花钱就花钱，不吝啬、不紧张、不担心，有心仪的对象就勇敢地去追求、交往，遇到事情能拿得起放得下，这些不都成了他的优点吗？

我们看待世界的眼光决定了我们对孩子的判断，我们经常忽略时代的变化对孩子的影响，用自己童年的经历当作孩子人生的教材。我们还会忽略孩子爱动爱玩的天性，觉得孩子这也不行那也不行，上课调皮捣蛋，然后又和别的孩子一天到晚只知道玩。

有个孩子，爸爸妈妈带到我家来。说这个孩子多动，一天到晚踢足球，那孩子才八岁。

这孩子到我家里，在我家客厅里面踢球，一脚踢到墙上，爸爸妈妈紧张得要命："哎呀！你不要把李老师家里的东西打坏了！"我一看，这孩子脚法非常精准。我说："没关系的，打坏的东西你爸妈赔就行了。哈哈！"我就是说笑话吧，那打坏了肯定是孩子爸妈赔啊。但是我说这句话其实是告诉爸爸妈妈，没有关系，我们不要去指责孩子，孩子有他的度，我们要相信他。

爸爸妈妈就很感动，跟我说："李老师，我这孩子一天到晚踢足球啊，踢到晚上十点多还不睡觉。"我说："那你就让他踢到十一点呗，还不睡觉就踢到十二点，为什么不让他踢呢？"

爸妈就说："孩子真的太好动了，这个会不会出问题啊？会不会透支体力啊？"

我说："他爱玩爱动恰恰是精力充沛的体现，他的精力太旺盛了消耗不完，那怎么睡觉啊？"爸爸妈妈听明白了，说："怎么办呢？现在他还在学校里读书，一天到晚就想着踢足球玩。"我说："那你就赶快把他送到足球学校去，他的特长就在这里啊。他精力旺盛、能量强大，他就喜欢把这个能量释放出来，你为什么不顺着他走呢？"爸妈一听就明白了，所以回去就把这个孩子送到足球学校。这个孩子在那里学习成长得非常好。这就是顺应孩子特征，因材施教。

　　那我们现在回过头来讲"乖孩子"的体现。乖孩子他会呈现出什么状态呢？内向、胆小、安静、听话、容易从众、容易哭啼、容易被人说动、小心翼翼、敏感、计较、害怕陌生环境、害怕被欺负、怕黑、老黏着父母，还经常生病，不敢表达内心活动，做事情按部就班，怕做新的尝试，而且这样的情况还容易受到批评。

　　所以看上去乖巧的孩子，其实他内在的承受能力很弱。内在的承受能力弱就容易感受到很多负面的东西，也会有选择困难症，晚上睡不着。然后呢，一天到晚胡思乱想，身体经常会生病，产生各种各样的身体状态。

　　而这些状态是怎么来的呢？没有别的，也是父母奠定的，父母在生育、养育这些孩子的过程中，心态、心智不稳定，情绪不稳定，造成了孩子的紧张、担心、害怕等这些状态。

　　所以说乖巧的孩子很听话，而其内心很可能是脆弱的。总是感觉自己很受伤，总是感觉世界对自己不公平，多愁善感。所以孩子的基本特征体现出来就容易生病，就会渴望父母的关爱，黏爸爸妈妈。

　　你看父母都喜欢听话、乖巧懂事的孩子吧，就是出于"乖孩子易于管教和养育"的心理。但是往往这样又会产生另外的问题，你太爱他了，他又受不了，这是我们会忽略的。爸爸妈妈不知道，当孩子需要我们的爱的时候，我们就给他爱，但是孩子又受不了，为什么？

　　中医讲一句话，叫"虚不受补"，指中老年人比较多，就是讲一个人的状态太弱的时候不能大补。孩子也是一样，爱就是补，关心、爱护就是补充能量，能让他感受到安全感。但是如果你太爱孩子了，什么都操心他、护着他，孩子就会感觉到拘束，感受到有压力。这个时候他感受到的就不是爱，而是父母对他的要求和束缚。

这样就形成了纠结，不爱不行，爱多了又不行。所以我们的爱要有度、要有原则。

那么生命状态弱的孩子长大成人，又会出现什么状态？

首先在遇到事情或问题时选择回避、没有自信，害怕面对黑暗，害怕面对选择，买东西也不敢买贵的，可能会呈现这些状态。

其实这些因为没有自信、没有主见、弱势带来的心理问题与孩子成长过程中父母的养育有关，并且我们完全可以在养育过程中预防它们的发生。这是我在长期的心理咨询中观察到的实际现象。

所以说，孩子的强与弱、自信与否，是否乐意表达自己的内心，以及在成长中慢慢体现出的眼界和格局，都取决于父母的奠定。也就是讲，我们父母的心智模式，是紧张、焦虑、恐惧的，还是舒展、开心、快乐的，面对困难和压力是不是坦然的、毫不畏惧的，这都与我们的心智模式有关系，与抗压能力有关系。

如果父母不懂得孩子真实的生命状态，不懂孩子的生命特征到底是什么样的，就会在爱的过程中出现错位的现象。

在整个生育、养育孩子的过程中，如果夫妻恩爱，跟孩子形成很好的互动，那孩子的精气神就会是饱满的。但你往往就接受不了这个精气神饱满的孩子活泼好动、调皮捣蛋、学习不好。当然如果是学习好，你就能接纳，那当然是皆大欢喜。这就是爱的错位，也就是说你的养育方式是否与孩子的生命状态相契合。

一旦孩子出现弱的生命状态，你就会去呵护他，发现呵护过头了他又受不了，又会形成相应的一系列问题，管还是不管？爱还是不爱？怎么办？这些是不是都需要我们去学习和认识？这就说明生命成长过程中的每一步其实都是要小心谨慎地去走的。

所以我们讲孩子成长的两条高速公路，其中一条是我们父母之间的和谐恩爱，另一条就是父母对孩子的赞美、理解和信任。

我们说了很多生命状态强的优势，那是不是说弱的生命状态就不好了？其实也不完全是这样，这一类人也有其独特的生命特征和体现。生命状态弱的人辅助工作可以做得很好，他只要不去独挑大梁，就可能在单位里面成为一个非常优秀的人。

这种弱不等于能力弱，只是内心状态的一个呈现，所以他同样可以成为一个非常优秀的人。但是这个人最好在稳定的环境中发挥，如果他去单干或者独挑大梁，他的内心就会经常纠结，形成非常多的问题，失败是大概率事件。

我们在生活当中也会遇到生命状态不同的夫妻，有的一个偏强一个偏弱，也有两个人都很强或很弱的。强弱是否匹配是个重要问题，因此而呈现和反映出来的问题也特别多。

所以，家庭中发生的一切问题和矛盾其实都是我们内在的心理状态呈现出来的。如果我们不能真正地搞懂这个问题，就会发现我们生活中存在很多的不匹配，存在很多的问题。而决定一个孩子的生命状态的恰恰就是父母的身心状态、父母之间的关系。所以父母身心状态好，夫妻关系好，孩子在这样的家庭土壤中发育和生长，就会形成强的状态；反之，父母身心状态不好，夫妻关系差，孩子在这样的家庭土壤中发育和生长，就会形成弱的状态。

小　结

孩子生命状态的底板是由父母决定的。千万记住，我们各个家庭的正负能量状态、教养方式是不同的。那么我们如何看懂孩子，如何搞明白孩子的生命状态，做到真正的因材施教？首先要知道这个孩子该怎么养育和培养，他的爱好、特长、学习方向、成长的路径和轨迹是怎么样的，"新异心理"的技术可以很好地解决这个问题。

那所谓的"坏孩子"，其实都是我们父母带着自己的道德评判，带着自己的知见界定强加给孩子的。所以"问题孩子"其实不是问题孩子，而很可能是个健康的、有作为的孩子。

所以我说千里马都是藏在"坏孩子"堆里，因为我亲自改变了无数的"问题孩子"。我到一些机构去，听到家长诉说自己的孩子是怎样成为"问题孩子"的，我听了就笑。为什么？因为我听他们说的全是优秀孩子的特质，只是精力太旺盛，普通的家长和老师搞不定而已。成年后都是优秀的孩子，但是童年时期被我们父母界定为"问题孩子"。如果我们能认识到这一点，给孩子更多的时间和空间，那么孩子的成长才会健康茁壮，成为真正的"千里马"。

让爱回家的作业

用心如实评估您的家风，梳理出优良的传承与需要改善的内容。

优秀妈妈作业选登

听了李新异老师的课，我的作业如下。

优良的传承：

父母都非常善良、勤劳朴实、诚实正直、孝顺长辈、尊亲睦邻、勇于担当、积极向上。

印象中最深刻的事情是在我七八岁时，家里建房子，有好多人来帮忙。我们父母是种菜的，每当蔬菜到了收成的时候，爸妈总会去帮助别的菜农，大家也会来帮我们，这种人与人之间的互帮互助让我觉得很感动。

需要改善的地方：

第一，父母忙于生计而忽略了对孩子的关注。对孩子的教育方式就是简单粗暴的棍棒式教育，尤其体现在对待我哥哥上，所以造成直到现在我爸爸和哥哥之间仍然是有很深的隔阂。

第二，一家人都脾气火暴，不能好好说话。

第三，总把生活过成很沉重的样子，这也给我造成了很大的影响。哪怕现在生活比较好了，我也不敢确认我是否还可以过上舒适的日子。

第四，过于节省，但最终积蓄下来的钱都流到不好的地方去了（比如父母生病，几乎花光了他们一辈子的积蓄）。

我觉得不能让这些负能量一代代传递下去，现在我看到了，就应该从我这里开始中断。多关注孩子的内在需求，多用心沟通，学会好好说话，而不是用情绪说话。学着创造轻松快乐的家庭氛围，生活本来就应该是多姿多彩的。

第五讲

亲情的断裂

父母不亲身养育孩子的后果

亲情的断裂往往是父母不亲身养育孩子造成的，主要的情况有：父母长期分居、出差或在外地工作；孩子被送到祖父母或其他亲戚家养大；或者很早就将孩子送去幼儿园托管，甚至送养他人……看似这些孩子也跟父母带大的孩子一样成长起来了，但是它带来的负面现象很多、问题很大，会影响一个生命的一生。

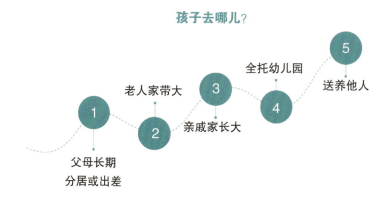

孩子去哪儿？

父母不亲身养育孩子会造成什么样的问题？今天的留守儿童为什么大量出现？因为现在大量的不发达地区的婚育青年都来到了发达地区工作，远离家庭，把自己的孩子放在孩子的爷爷奶奶家或者外公外婆家。但当他们再跟孩子重新生活在一起时，发现孩子就带不亲了！

孩子很渴望跟父母在一起，但是跟父母重新在一起之后相处不了；

父母也很渴望带孩子，但是跟孩子在一起的时候发现孩子不像自己想象的那样跟自己亲，于是就产生剧烈的矛盾。这些矛盾一旦产生，父母就觉得孩子不像自己的孩子，那孩子也会觉得父母不是自己的父母，原因就是亲情的断裂，爱的传递的断裂。

这种亲情的连接断开多久就会影响孩子多久！也很可能会对他的一生持续地造成影响。

我们对这类孩子调查过后发现，孩子再回到父母身边、跟父母在一起的时候，没有"亲情感"，没有爱的感觉。他们不会去关心父母，慢慢会远离父母，听不进父母所说的话。而父母也就觉得这个孩子不孝："我养大了你，怎么我说的话你都不听？"这种现象在今天的留守儿童中已经大量出现！

除了这些现象，孩子还会出现什么问题呢？不懂感恩、容易早恋、学习不专注、没有价值感、容易否定自己、自卑冷漠、不关心别人。

为什么？

因为给孩子传递爱和亲情的关键人物——父母不在身边或者某一方不在身边，父母的能量没法传递给孩子，孩子也感受不到父母的爱。

这种亲情的断裂造成人生的悲剧是很大的！根据社会学调查发现：少年犯罪大部分都是缺乏亲情的呵护，他们走上犯罪道路的原因是缺乏父母的管教和爱护，他们的心没有归属感。

有些父母把孩子送到爷爷奶奶那里去，认为孩子还小，认为孩子的爷爷奶奶、外公外婆和孩子同样是亲人，但是你不知道父母亲身养育的重要性，你不知道孩子的潜意识里面已经发生了问题！孩子会产生父母在遗弃自己的感受。

我在处理很多成年人的内心问题时就像侦探破案一样，最后追查下去就发现：当年双亲之中谁作出了把孩子送去寄养的决定，孩子在未来就会对作出这个决定的一方产生极大的怨恨。这种怨恨完全埋藏在孩子的潜意识里，你看不到，甚至是完全意识不到。

有一位干部，现在已经退休了。在成长过程中，父亲对他要求很严格，妈妈对他很好。正常来讲，爸爸经常打他，他应该怨恨爸爸，但是不知道为什么，他反而莫名其妙地对妈妈有一股强烈的怨恨，他觉得很奇怪。

后面他参加了我们"新异心理"的高端心理学实战课，通过"潜意识情景对话"技术回溯到童年的记忆里，才发现当年爸爸妈妈因为从事国防工作，妈妈决定把他送到外公外婆家养育。当他在潜意识里进入到事发那一刻的时空时，就号啕大哭！为什么？因为在自己童年的潜意识里面，他重新经历了爸爸妈妈"遗弃"自己的痛苦，重新感受了因妈妈作出的决定而产生的怨恨的情绪。

我们以为把孩子送到爷爷奶奶家或外公外婆家里养育没有问题，但实际上孩子潜意识里的感受却是截然不同的！

还有一个例子：父母把大的孩子送到爷爷奶奶那里去，自己又生了一个小孩。在抚养小孩的过程中，把大孩子再接回来，大孩子就会愤怒！

为什么？因为他感受不到爸爸妈妈给予自己的关心爱护，他看到爸爸妈妈成天抱着弟弟或妹妹逗着玩，高兴得不得了，但是大孩子记忆里没有自己小时候在父母怀抱里被关心爱护的样子。所以这个大孩子就欺负小的孩子，尝试从弟弟或妹妹那里夺回父母的爱……

这种现象在你身边发生的时候，你也会感受到，自己应得的爱被他人分走所带来的痛苦。大的孩子会瞬间产生妒忌、怨恨和争斗心！

而大人在这时会觉得，"你是大孩子了，应该懂事了啊。你是家里的老大，你应该带着小的，让着小的，你要讲道理呀！"

但是讲道理是成年人的思维！孩子他不知道！孩子只是觉得自己的爱被另一个人占据了、抢夺了、分享了，所以他就会用他的行为来报复，希望把爱夺回来。

事实是，孩子之间产生巨大的矛盾不是孩子自己造成的，而是我们养育孩子的方式方法不对所致。你根本认识不到，孩子不只是母亲身上掉下来的一团肉，孩子从胎儿时期就有情绪、有情感。婴幼儿时期，看上去孩子什么都不知道，其实只是你不知道而已。今天，在我们的"潜意识情景对话"里面，完全可以看到这一切，完全可以重新经历这一切。可以说现在大部分成年人存在的问题几乎都可以追溯到亲情的断裂上来。

亲情断裂会造成什么样的现象？除了这些，断裂分开多久，孩子跟你之间的亲情就有多疏远！

有个案例：一位妈妈，女儿出生以后就跟丈夫离了婚，孩子跟着爸爸、奶奶生活。十年后这个妈妈赚了钱，想把女儿接过来一起生活，享受更好的生活条件。她询问我的意见时我告诉她："你千万不要接过来，你们之间一定很快会爆发'战争'。"

这个妈妈不信，更换了女儿的抚养权，把孩子接到自己身边。一开始，妈妈跟女儿像亲姐妹一样开心快乐。结果一个星期之后，母女俩就爆发了"战争"。

以下是这个妈妈亲口跟我讲的：早上一起来，她就因为一些生活习惯指责她的女儿，"你怎么是这样的女儿，这么没教养。"女儿马上就指责妈妈，"你配做妈妈吗？你是一个好妈妈吗？"这场"战争"一爆发，后面就不可收拾。为什么？因为双方都感受不到亲情的连接。

像这样的状态比比皆是，类似的案例也比比皆是。

还有一种社会现象是什么呢？大家应该知道有一档综艺节目叫《变形记》，拍的是城市和农村的孩子们互换家庭生活一段时间的过程，当中就产生了很多孩子对"新家"感到水土不服及相处过程中代沟很深的情况。而在现实生活当中，也会有一些富人为了自己"做善事""积德"，收养一些在农村生活的孩子。因为自己觉得他们生活条件很艰苦，觉得他们没有条件接受良好的教育，所以收养他们，希望他们过上幸福生活。

收养了之后，这些孩子就要离开他的家乡，离开他熟悉的父母、兄弟姐妹以及亲戚朋友，来到富人家庭。

但是当孩子来到富人家以后，他心里的波动往往是收养人所容易忽略的部分。他从农村出来，生活到别墅的"天堂"里面来了，他会不会产生自卑啊？富人的儿女会不会指责他、歧视他、辱骂他？富人禁止得了吗？富人教育得了吗？

孩子们之间的交流是很轻微巧妙的，他们的感知也是很敏锐的！只是我们对孩子的理解不够到位，往往会忽略孩子的感受。我们仔细去观察儿童之间的交流，他们一个眼神一个动作，就已经交流了很多的东西。

你想想当你的养子被亲生孩子排斥、鄙视，他会产生什么样的内心感受？你成天在外面忙，你有多少时间关注他？你有多少时间了解他的内心世界？这样的孩子在这个家庭成长，其实是非常自卑、忐忑的。

我们会看到一个现象：可能很多被收养的孩子通过更好的受教育和生活条件，在将来才高八斗、事业有成，但是他们对亲生父母和养父养母的感恩之心相比在原生家庭成长的孩子而言，是相对缺乏的，也是有距离感的。

多年来，我对无数的企业家讲过这个问题，大家都发现收养孩子存在问题，但他们不明白其中真正的原因。

如果是收养那些被父母彻底遗弃的儿童，让他们有所依归，这是一件好事。但同时也要对他们的心理多加关注，尽量消除他们心里的落差感和不配得感。最重要的是，如果自己有孩子，要平衡好他们之间的关系，不要让亲生子女感到爱被夺取，也不要让养子养女遭到冷眼和歧视。

但如果去收养一个有原生家庭的孩子，其中的问题就会更多，有时甚至更严重。

再讲讲留守儿童的问题吧。一般来讲，留守儿童有下面三种状态和问题：

首先，他们容易自我封闭。这些孩子在年幼时便与父母长期分开，家庭环境的不稳定使他们缺乏安全感和归属感。由于他们与父母、亲人亲情断裂，缺乏感情依靠，性格内向，遇到一些问题会感到无助，久而久之变得不愿与人交流，长期的沉默寡言、焦虑和紧张让这些孩子形成孤僻、自卑、封闭的心理，这样的儿童在人际沟通和自信心方面自然比其他孩子要弱。

第二，情绪易失控，容易冲动，留守儿童指年龄在十六周岁以下的未成年人，正处于身心发育时期，情绪欠稳定，再加上意志薄弱，容易情绪失控和冲动，他们还容易对周围人产生戒备和敌对心理，这种敌对心理的一个重要表现就是行为当中会带有攻击性。

第三，认知偏差，内心迷茫。少数留守儿童认为家里穷，父母没能耐才会出去打工赚钱，由此产生怨恨情绪和偏激想法。有的孩子在父母回家后疏远他们，导致情感隔阂。他们难以树立正确的人生观、价值观，在生活中时常会产生无力感，对未来感到迷茫。

亲情断裂造成的社会问题很大，对生命造成的影响也很大。有的人随意地把孩子放到学校或者托儿所里，让老师去带，结果是孩子可能会出现"巨婴"的状态。

何谓"巨婴"状态？就是孩子的心理年龄停止在跟父母分开的那个时候，而他的身体却已长大。这又产生一系列社会问题，当时父母为了自己的爱好、自己的某种感受，而不想养育这个孩子，结果孩子长大之后父母一辈子都为孩子操心，一辈子为孩子的问题而烦恼和纠结……

在离开父母成长之后，孩子就感受不到父母的亲情和温暖，失去了与父母相处的经历。我们以为爷爷奶奶可以给予他们，但是孩子的基因直接来源是谁啊？谁是孩子爱的传递者啊？就是孩子的父母。我们会看到这样的孩子成长起来后不知道怎么与人交往、不知道怎么恋爱、不知道怎样组建家庭，他们看不到父母相爱的状态及父母经营家庭的示范。家应该是一个什么样的状态？他们感受到的是爷爷奶奶或者其他人的生活方式，而不是自己的父母，他们想要得到父母的爱，但是父母在何方？

我们经常看到一个个留守儿童期盼父母回家的感人故事，但是与父母团聚后他们却不一定幸福！

只要我们认识到了这个问题，就有了解决这个问题的可能性。当我们在"潜意识情景对话"里修复这个状态，回到那个节点，就是孩子们离开父母被送到爷爷奶奶家、外公外婆家的那个时间点时，孩子们在那一刻都是极其痛苦的，这份痛深深埋在他们的深层潜意识里。我们要做大量的修复工作，才能把生命的动力源泉——爱给修复回来，他们才会愿意原谅父母、宽恕父母。

生命奥妙无穷。我们要揭开深层潜意识的状态，揭开家庭正负能量所带来的影响，去探索影响每一个生命的心理健康的底层逻辑，我们在多年的心理咨询实践中已经积累了大量的案例，佐证了"思想是一种极强的能量"。

假如我们已经造成了非父母亲身养育孩子的情况，我们该怎么办？如果把大的孩子接回自己身边，大孩子和小孩子不能融洽相处，我们又该怎么办呢？

善解词

对不起，我的孩子，由于我当年（真实的情况）……我因为忙碌忽视了你，让你承受了委屈和分离的伤痛，我愿意为所犯的错误真诚地向你道歉忏悔：对不起，请原谅。（可重复多次）

孩子，感谢你带给我快乐，带给这个家生机活力，你是我们生命中最珍贵的礼物，是我们最爱的孩子，今后我会用心善待你，对不起，请原谅，谢谢你，我爱你！

没有别的！首先就是跟被寄养的孩子道歉忏悔。跟孩子说："对不起！请原谅！爸爸妈妈因为不懂，爸爸妈妈因为工作忙把你送到爷爷奶奶家（或者外公外婆家或者送到幼儿园全托），伤害到了你，爸爸妈妈真诚向你道歉忏悔。请你原谅！我们爱你！"

一定要跟孩子重新表达爱。爱一定要表达出来，要告诉自己的孩子，请孩子原谅自己，自己无条件接受这个被送出去的孩子的怨恨和责备，再次请求他的原谅。

因为他是被伤害的，你看到大的打小的，你以为受伤害的是小的，恰恰不是！受伤害的是大孩子，因为他的潜意识里已经产生了爱的匮乏，他的内心已经出现了爱的断裂，所以他就成为一个索取者、夺取者或者抗争者。

我们回到家里应该怎么做？回到家首先拥抱你的另一半，再将孩子从大到小依次拥抱，这样才能把我们的家庭关系修复好，我们和孩子的关系瞬间会变得融洽，为什么？因为大的孩子感受到自己被父母爱护、被父母尊重、被父母需要，他会很快地原谅父母，马上会接纳弟弟妹妹。同时弟弟妹妹得到父母的示范，也会马上尊重自己的哥哥姐姐，懂得长幼有序。很快我们的家庭关系就会扭转过来。

年幼的孩子，我们用语言就可以改变他的内在状态、改变他的潜意识、改变他的身体状态。只要我们真诚地跟孩子道歉忏悔，真诚地这样去做就可以。

什么叫不真诚啊？就是"我这样做试试看，看看是不是这样的结果"，这就是不真诚。为什么我们"新异心理"那么快地改变一个孩子、改变一个家庭，就是我们看到了造成这一系列问题的根本原因。根本原因找到了，问题、矛盾就迎刃而解，孩子的生命状态也慢慢开始改变、绽放！

在国学大面积兴起的时候，有些人倡导让孩子封闭式学习，一个月甚至半年不回家。但这样做又会造成大量的"问题孩子"，他们以为圣贤教育可以取代家庭教育，以为圣贤教育可以取代孩子对父母的爱的需要，殊不知对一个生命、对一个孩子来讲，最好的经典教育就是父母对自己的爱。

这就是家风的传递，你认为圣贤教育能够影响孩子，但那只是你成年人的思维，成年人能够理解圣贤教育，把孩子随意地甩到这些国学基地，以为万事大吉。每当我看到这些孩子出现的问题时，就跟父母讲，孩子的问题全是我们父母的无知造成的。

为什么我十多年来旗帜鲜明地反对把孩子圈养起来去大量读经呢？因为我知道这对孩子的生命状态来讲很可能是一种灾难，很可能你培养的不是圣贤，而是"问题孩子"。

小　结

从小脱离父母成长的孩子出现的亲情断裂，需要父母重新提高认识，主动向孩子真诚道歉忏悔，才能扭转这种状态。每个生命获得的爱首先一定是来自父母的，当大的孩子打小的孩子，一定是他感受到他的爱缺失了，他没有得到尊重，他对爱的需求没有被看见。父母只要跟大的孩子明确表达"爸爸妈妈是爱你的，爸爸妈妈做错了，请你原谅"，孩子一定会原谅我们父母的！

让爱回家的作业

回忆一下，你是否有在孩子的童年时期伤害过孩子？真诚地跟孩子道歉忏悔。

优秀妈妈作业选登

听了李新异老师的课，我的作业如下。

有一天，我收到了儿子写给我和他爸爸的一封信，内容如下。

致爸爸妈妈的一封信：

也许是时候再一次对你们敞开心扉了，即便再次被伤害也无所谓。因为我，早已伤痕累累，再多一道伤痕，大概也只是无数伤痕中微不足道的一小部分。

想想小时候，经常被你们打骂，那时候，常常一个人躲在房间里小声地哭，甚至有时候会半夜哭醒，哭醒之后翻来覆去睡不着，就想去做点别的转变一下心情。可是，不知从什么时候起，眼泪就再也流不出来了，无论多让人感动，多让人伤感，眼泪始终流不出来。不知从何时起，我的心变得越来越麻木了。

这十几年来，我过得很痛苦，藏在心里的东西太多了，却无法表达出来，不知道如何表达出来。因为，每次表达我内心的感受和想法时总是会被你们用借口给挡过去，也因为你们给我一种不接受错误的感觉，让我不想甚至不敢表达。反正说了也没用，不如不说。

直到有一天，妈妈说她要学习和改变了，虽然当时不知道是什么，但是我很开心，因为她说她要开始改变了，所以我在观察，一开始我很抗拒，但是我没有办法拒绝，我也可以从这里面观察妈妈到底有没有改变，所以一直都比较配合。在这里面我有看到妈妈在一点点地改变。

这几天在"新异心理"听课，听到那些家长们的分享，不知不觉地流下了眼泪，我愣了一下，慌忙低下头，擦掉眼泪。有多久，没有体会过这种感觉了。也许是时候了，是时候再一次，再一次和你们敞开心扉……

你们的儿子

亲爱的儿子：

妈妈通过学习"新异亲子"心理学，通过咨询师给妈妈做"潜意识情景对话"，按照老师的引导，妈妈眼前浮现出自己小时候的事情，小时候妈妈最害怕和姥姥分离，只要姥姥不在我身边，我就特别害怕恐惧，就特别想念她。

我五六岁时，姥姥早上外出，下午没回来，妈妈就站在窗台上，眼睛一直盯着门前的公路看是否有姥姥的身影，每过来一个骑自行车的人，妈妈就使劲儿地辨认是不是姥姥，看了一个又一个，等啊等啊，等了很久很久，终于看到姥姥了，我一下就不害怕了。回到小时候，妈妈感受到自己的内心是焦急的、是恐惧的、是害怕的，害怕姥姥出了意外，害怕有不好的事情发生再也见不到姥姥……

妈妈小时候这种着急害怕的模式，储存在潜意识里。在养育你的过程中经常就会表现出来，在无形中传递给了你。在老师的引导下，妈妈找到了你焦虑的原因，是妈妈的焦虑传递给你了。

为什么你会出现不知道如何与别人沟通的情况？老师让我再想想你

小时候发生的事情。妈妈想起你小时候，一岁多把你送到姥姥家待了半年；小学又把你送到寄宿学校；高中又送你出国读书。平时爸爸和我忙于工作，没有那么多时间陪伴你，经常让你一个人在家，或者经常把你委托给别人带。当你在学校与同学相处遇到困难或者问题时，你在爸爸妈妈这里没有学习到如何与人沟通，你也没有看到爸爸妈妈是如何与人沟通的，你自然就不知道如何去做，所以你在与人沟通上也不知道如何处理。

回想起当时的场景，我才真正体会到你内心的无助、孤独、害怕、无所适从，终于知道你为什么爱玩游戏，为什么遇到事情会发脾气，为什么愿意宅在家里，为什么不愿意主动和同学朋友交流，妈妈像过电影一样回想这些事情。你的这些状态，都是爸爸妈妈造成的。爸爸妈妈真诚向你道歉：都是我们的错。儿子，对不起，请原谅，谢谢你让我们发现了自己的问题。这么多年，我们都不知道如何做好父母，什么是正确的做法。我们用自己的认知去养育你，给你带来了这么大的伤害。儿子，对不起、请原谅、谢谢你，我们爱你。这段时间，这句话，每天都会在我心中涌现出来。

另外，在你小时候，妈妈总是关注你的学习成绩，关注你们班成绩好的同学分数是多少。妈妈一点都不懂你，很多时候妈妈都把注意力放在你的学习上，而没有关注到你已经很努力了，给你带来了很大的压力。在"潜意识情景对话"中，妈妈看到了这些，都是我自己小时候缺少认同、想证明自己的一种反射。妈妈希望在别人那里证明自己是成功的，求认同、求肯定、求赞美，按照别人的评判去做事情，自己扛了很多的负担、责任和压力，导致自己的心很累。

　　妈妈同样用这样的模式去要求你，给你太多的期待、要求和干预，很少和你做平等的交流沟通，还总是认为自己是对的，总是用家长的口气、用严肃的态度和你说话，让你感受到的从来都是不苟言笑的气氛。尽管爸爸妈妈心里是那么爱你，可是，爸爸妈妈很少表达出来。你本来是一个活泼、热情、好动、聪明、幽默的孩子，可是这些我们都看不到，我们还用工作中的模式去要求你，去干预你。真是很惭愧，我们做父母的实在太无趣了，根本不懂你，也不会养育你。儿子，对不起、请原谅，我们向你道歉，对于过去我们的错误行为，我们真诚地忏悔！

　　这是妈妈近段时间学习心理学的深刻感受和所得。作为父母，我们真的错了，在我们错误的养育下，你还能成长得这么好，你还那么有追求，爸爸妈妈已经很知足了！

　　谢谢你，儿子！

永远爱你的妈妈

第六讲

家有"爸道总裁"

父亲压制指责造成孩子的问题

我们可以很直观、清楚地看到：大树底下长不出另外一棵大树，只能长一些青草。对应到家庭里，如果父亲很优秀，产生了强烈的自负、傲慢，觉得自己很厉害，不论做什么事都觉得自己很优秀的时候，其实很可能就压抑了孩子。父亲希望孩子跟他一样优秀，他以自己的成长经历作为标准去要求孩子也达到这种状态。但是每个生命的状态是不同的，性格、脾气、承压能力、学习能力和行为方式都是不同的，你对孩子的要求很可能就成了压抑他成长的重要因素。你根本没有尊重你孩子自身的生命状态，你也没有认真觉察你孩子真实的需求。你仅仅是在塑造一个你想要的孩子，这种塑造的思维和行为里，甚至包括让孩子去填补很多你自己曾经的缺失、缺陷。但是你的孩子可能完全被你压抑住了，根本就达不到你想要的目的。所以，人的傲慢心是一种高级无知。

当你压制你的孩子，特别是男孩，你不断地压制他，他根本成长不起来。被父亲压制、批评、指责的孩子通常都会虚伪、胆小、叛逆、撒谎、没有主见、没有立场；在成长的过程中会产生无力感，不敢去表达，就会更容易受到批评，挫败感非常强；如果孩子能量比较强，就会抗拒、颓废、叛逆，甚至走上犯罪的道路。

我们一定要记住：如果父亲很强大，千万不要在儿女面前显摆自己的强大，这是一种强烈的压迫，你对生命的无知只会使孩子变得越来越弱小、胆怯，特别是儿子，一旦儿子的自信心被你打压得没了，想让他再成长起来就会变得很难。

举个例子：有一个男孩，在成长过程中父亲很喜欢他，让他学习很多东西，四岁的时候父亲就要求他写看书的读后感。大家好好想一想，一个四岁的孩子，心智还没有完全成长起来，还处于比较低的水平。可是父亲却觉得孩子很聪明、反应很快、接受能力很强，就要求孩子写读后感。这是不是父亲的教育方法有问题？这是教育孩子吗？这是折磨孩子！孩子写不好读后感就会自卑、自责、颓废。当他满足不了父亲的要求，在父亲面前就会紧张、害怕、胆怯。

现在这个孩子已经是五十岁的中年人了，还是非常害怕写文章。正是因为父亲给他制造的压抑和恐惧，使得他做事情很懦弱、没有主见、没有主动性；害怕困难，遇到困难就会胆怯、逃避。这导致他的工作、婚姻不顺利，甚至曾经想要自杀，对自己孩子的学习成长同样也非常地焦虑。

由此可见，这位父亲影响的不只是一代人，而是至少影响了两代人，甚至三代之内都会受到影响。

孩子没有自信心，遇到问题就会出现胆怯、没有决断的状态。这其实就是父亲压抑孩子的结果。父亲给孩子的压力越大越重，孩子在未来的成长过程中，他的主见就会越少，越会出现问题，特别是自信心的问题。

一个生命没有自信心了，做什么都做不成，干什么事都干不好，他做每一件事情的时候都在心里重复自我否定的过程。潜意识在后台瞬间就夺取了他心智的操控权，影响他的整个身心，他底层的不自信就是来自父亲对他的否定。

有一位国学老师，患有肝脏疾病，后来发展到肝腹水，他到处求医问药，就是没有办法解决自己的心理问题，最后向我求助。我在建议他进行医学治疗的同时也立即对他进行心理疏导。

在深层潜意识里面，我把他这么多年一层一层的经历和伪装重新揭开。最后他看到自己六七岁的时候，因为不小心烧焦了一个塑料碗，被父亲打骂、羞辱，说他没有出息。他因此产生了怨恨，深深地埋藏在心里，一直没有办法发泄。

在被父亲打骂、羞辱时，因为气恨、愤怒，他就已经产生了跟自己的父亲进行对抗、对着干的强烈意识，在大脑意识里暗暗下了决心，只是之后他忘了这件事。人的大脑是很容易遗忘的，事发当时的念头和强烈的情绪，用不了十天半个月就会忘记，或者一年、两年后也就完全不记得了。但是思想念头却不会消失，这些思想念头及痛苦的经历都去到了潜意识里面，隐藏着、埋伏着。

在这一辈子的成长过程中，他就跟父亲对着干，方式是很多很多的。父亲要求他变好，他却偏偏表现不好。他潜意识里对抗父亲的指令与程序自然而然会操纵这一切。他在学习过程中，每当遇到不如意的时候，也会想到怎么证明给自己的父亲看，这是因为父亲长期否定、打骂他造成的。

今天的父母，特别是父亲，经常会干这种事。当我们的工作做得很出色，就会以自己的标准去否定我们的孩子，用成年人的眼光去看待和要求自己的孩子。丝毫没有想到自己已经是成年人了，经过了生活的历练，到了另一个层面。当我们回忆起自己的孩提时代，可能过程很顺利、学习很好，但我们的儿女很可能不是这样的生命状态。

生命没有模板，只有不同的成长轨迹，虽然看不到、摸不着，但是中国文化中的智慧给大家展现了这一切。

这位老师长大了以后，社会开始兴起"国学热"，他就开始办国学、办教育，希望自己能够教会孩子怎样成长，他把他的爱用来帮助了别的孩子。但是他得不到父爱的满足，内心始终有一个没有画满的圆，他要去填补这个缺口，也因为自己内心隐藏着深深的怨恨，导致身体的崩溃。

来到"新异心理"后，我们打开他整个潜意识，把他对父亲的那些愤怒情绪、怨恨情绪释放出来之后，这个人逐渐红光满面，身体也发生了变化。认识他的老朋友都说："我认识你二十年了，从来没有见过你的笑容，今天在"新异心理"，终于看到你是一个鲜活的人！"

还有其他的情况，如有的父亲很强大，工作、生意做得很好，这种状态同样会影响到孩子！父母可以住大别墅，请优秀的家庭教师，请保姆，让自己的孩子在这种环境中成长，但是如果你大包大揽，不给他自立自主的时间和空间，不让他经历任何的磨难和挫折，很有可能把你孩子的自信心及一切生命成长需要的基本因素全给毁掉了，你的孩子同样是成长不起来的。

父母的辛酸苦难，在风雨中成长的经历，孩子都没有经历过。"不经历风雨，怎么见彩虹"，大自然给我们演绎出来的规律在我们人的生命中也可以看到。

还有两个人，上学时成绩非常优异，长大后都很会赚钱，最后结婚了。两个人在一起，企业也做得很好，但是自己儿子的成绩却很差。这对父母用自己的眼光去看待自己的孩子，总觉得孩子配不上自己的状态，就指责、辱骂孩子。妈妈甚至讲："我怎么生了这么一个像猪一样蠢的孩子呢？"这孩子跟我说："我恨死了我妈。"

爸爸很少有效陪伴过孩子，因为事业忙碌而在家庭中长期缺位。这种状态在中国是大量存在的。

父母对孩子的要求很高很高，可是你有没有想过，你经历了你人生的风风雨雨才成长到今天，而你的孩子还是一棵秧苗，你就用成年人的思维去要求你的孩子，可能吗？你想拔苗助长，结果把秧苗都拔断了！

尤其是很多做教育的老师和前辈，他们往往教好了别人的孩子，但他们自己的孩子却出现了各种各样的问题。

这些问题首先表现在孩子的心里与家长进行对抗，孩子感受不到父亲的爱护，最终他成长得非常艰难。等到孩子出现一系列问题的时候，父母才开始去解决孩子的问题，这个时候，到底是先解决孩子的问题还是先解决父母的问题？

我们在康复、改变无数"问题孩子"的过程中，从来没有针对孩子单独进行过改变，我们首先是改变他们的父母。

改变这些孩子可以很简单，但是他回到自己的家庭里就又会继续被"污染"，所以这种改变是没有效果的。首先是父母一定要改变，一定要认识到这个问题。尤其是强大的父亲对孩子进行否定，孩子未来的成长、未来的发展就会出现重大问题。

有的人很富裕了，结果发现自己的儿子接不了班，甚至有的富豪的儿子成了"精神病"，要我们去康复。但往往问题首先出现在他们自己身上，因为孩子所有的问题形成的根源全是他们的行为造成的，在孩子的成长过程中，他们对待孩子的行为都是错误的，那能说孩子的问题与自己无关，而只是孩子的问题吗？

父爱如山。父爱首先表现的就是宽容、厚重。我们对孩子的鼓励和赞美，能够把一个孩子轻易地托起来，这样孩子才能看到未来。你压抑了孩子，孩子虽然有可能长大后很优秀，但是他的心是黑暗的，他的缺失感如果没有被修复或者没有被改变，就会传递给他的下一代，就会形成各种各样的问题。所以做父亲的一定要明白：对孩子鼓励赞美的有效性远远超过指责和压制。

你会传递什么样的家风给你的后代？几千年来，中国人都是以德行传递天下和子孙后代。你可能在行业里面很优秀，你可能在朋友面前很优秀，但是你不要用这些东西来压抑你的孩子。你孩子长大后的一举一动带来的影响将伴随你终生，你如果把你的孩子培养成了一个"问题孩子"，你就得为他的问题买单一辈子。

生命是一条长河，孩子小的时候你还年轻，当孩子大了的时候你又老了，当你的孩子40岁的时候，你已经成爷爷了。那个时候你再看，看你的孩子会怎么样对待你，那问题就更大了，你造成了你孩子的问题，甚至造成了你孙子的问题，这些问题还会一代一代地往下传。你当然看不到家庭或家族有一个光明的未来。

今天的富人想要让自己的家族昌盛起来，但如果只改变对生命的看法，不改变养育儿女的方法，想要把家庭和家族打造好，那也只能是空想。

小 结

孩子与父亲的关系会影响孩子的事业和财富，我们要给孩子留出一片天空，他才能活出自己的未来！父亲如果能鼓励和赞美孩子，孩子的未来一定是绽放的！父亲能够表现出开朗、活泼、豁达的状态，孩子将

来一定会非常优秀。

让爱回家的作业

写出你心目中对父亲的印象，你的父亲是怎么对待你的。梳理一下自己的言行，想想有哪些是受父亲的影响，把它们写下来。

不管父母如何对待和教育我们，现在我们长大而且成功了，都应该感恩父母的养育之恩，给父母，特别是父亲一个电话，或是陪父亲好好深聊一次，把童年往事对自己的影响说给父亲听，即使父亲做了很多让我们受伤或感到痛苦的事，我们也无须向他"讨债"，说通了，就了了。也许父亲会愿意给我们道歉，这更能消除我们童年的阴影。

优秀妈妈作业选登

听了李新异老师的课，我的作业如下。

在我的心目中，我的父亲是一个非常有正义感的人，他敢于说真话，有担当，在我们家族里边属于说话有分量、有威望的人。他有一颗仁慈的心，很善良，特别勤劳。但是脾气比较暴躁，说话也从不懂得圆融，容易得罪人。为人比较严肃，缺乏生活情趣。

我自己受父亲的影响比较深，跟他一样做事认真负责，为人真诚，勤劳善良。但火暴脾气跟父亲很像，也不善于营造轻松愉悦的家庭氛围。幸好有机会来"新异心理"学习，觉知到自己的一些不好的传承，及时止住，并努力作出改变。

第七讲

慈母的陷阱，虎妈的教鞭

母亲强势管控孩子造成的问题

婆媳关系问题，可能导致儿子家庭的破裂。儿子婚后，他的妻子也大概率是强势的，她能看得惯自己的丈夫什么都听妈妈的，做什么事都要看妈妈的脸色吗？肯定看不惯。相应地你自己也会对儿媳看不惯，你怎么这样掌控我儿子？你怎么那么强势？

其实你的儿媳就是你的影子，你容不下她，她同样也容不下你，最后很有可能发生婚变。因为你的儿媳妇很有可能也想找一个有主见的男人，而不是自己带着一个长不大的、没有主见的"妈宝男"。他们如果有儿女还会对他们的后代再次造成伤害。

有一次，"新异心理"的家庭正负能量课堂上来了五个这样的家庭，都是母亲非常强大，儿媳妇也都是女强人的状态。我刚才所说的问题这些家庭中几乎都出现过。强势母亲的行为自然会干预到儿子的生活，干预到儿子夫妻之间的相互关系。其中有人从北方逃到广州，就是想要逃离、躲避妈妈的控制，实在是生活不下去了。但是逃离不了，为什么？因为亲情断不了，过段时间又会跟妈妈联系，叫妈妈来，形成新的控制、新的生活干扰。

如果不上"新异心理"的家庭正负能量课，这个家庭很可能继续往坏的方向发展。一个男生上台发言说，"新异心理"和李老师救了他们全家，因为他父亲也生活不下去了。他妈妈说，自己对待亲人这么好，为什么自己的亲人会生活不下去了呢？他妈妈就觉得很奇怪，想不通。

其实没别的，就是你认为好的行为，其实是母爱的泛滥，也就是溺爱，就像不停地给花草浇水一样，会使生命完全颓废下去。

每一个生命都需要独立的人格和成长空间，如此才能健康成长。

强势的母亲管控孩子，如果不能认识和改变，将来儿女的婚姻也将出现许多问题。

女儿的婚恋会经历磨难。儿子如果生命状态弱，母亲将会管控他一辈子，他无法脱离母亲。如果过于极端，还可能会形成性别认知障碍。

也就是讲孩子出现的问题都是受了父母的影响，是被动的。等到你的孩子成年结婚后，夫妻关系形成问题后再离婚了，你的孙子、孙女这时又将面对新的问题，你的孙子很可能会产生狂躁症①或抑郁症②。为什么会狂躁或抑郁？因为同样会被母亲管控，同时又看到父亲懦弱的状态。管控过多了，孩子产生的问题无法预计，等这个孩子再长大成人，又会形成新的影响力，三代四代，可能都翻不了身，因为家庭会持续出现这种恶性循环。

所以强势的母亲一定要学会改变自己，不替别人操心。母亲什么都替别人操心，其实就是在管控别人，你觉得别人脱离了你就活不下去，这都是对别人的管控。

每一个生命都需要获得独立成长的机会和空间，这样生命才有自我人格完善的可能。

有一个案例：母亲跪在大企业门口化缘，化缘的钱用来给儿子做手术，儿子做完手术，身体有所恢复，妈妈对儿子说："孩子，你看妈妈多爱你，为了治你的病，妈妈跪到大企业的门口化缘，才有钱给你做手术。"这句话是什么意思呢？这句话就是让她儿子感恩，就是告诉她的儿子，她有多爱他，她为他的生命付出了多少。

---

① 狂躁症主要表现为情感高涨，联想迅速，精神运动性兴奋，或有夸大妄想，容易激动，有攻击行为，社会功能受损。

② 抑郁症主要表现为时而萎靡，学习、工作能力下降，悲观失望，浑身乏力，甚或产生自杀等极端行为。

这个儿子对妈妈说："妈妈,我把命还给你好吗?我不想活了!"可不可悲?妈妈所认为的伟大的母爱,在儿子看来,已经严重危及他的生命,他被这种母爱管控得呼吸不了,生存不下去,感觉不到生命被尊重及生命存在的任何乐趣,他都不想活了。而他的哥哥,因为远远地逃离了这种无形的母爱管控,活得非常健康而有自信。

若母亲的控制欲太强,把身边人的决议权都夺走了。儿子整个人毫无生气,毫无独立成长空间,全部被母爱所掌控,甚至连丈夫都会被压得不像人。

很多"妈宝男"的妻子来"新异心理"找我咨询说:"我老公什么都听他妈妈的。"我说:"不用说了,那你一天到晚就想着离婚了。"她说:"对对对,我就想离婚,没法生活下去。"我说:"那肯定的,你婆婆一定是很强势的。"这是根据我们"新异心理"在长期咨询的过程中大量的涉及婆媳关系的案例中推理出来的,"妈宝男"的形成大概率是缘于妈妈的强势。

某位企业家协会会长,她强势到什么地步呢?强势到她丈夫做任何一个决定她都认为有问题,她的言语中自然而然都是对丈夫的否定,所以丈夫就很颓废。

接着她想要大儿子接班,大儿子已经25岁了,但是她儿子当时已经成了"精神病"患者。所以她请我给她全家做康复,给她儿子做康复。我说第一个需要康复的就是她本人。

大家记住,凡是家里的孩子有问题,首先要康复的是父母,不是孩子,这是我的咨询定律。如果父母不康复、不改变,改变孩子没有多大效果,也没有多大意义。

她儿子成天说的一句话就是："我恨死了我妈妈！"

这位母亲莫名其妙，"我那么爱他，他为啥偏偏说出这样的话呢？"我说："这是自然的，因为你还没有认识到你对孩子的伤害。"

最后我给她全家人一起做了一个48小时的"潜意识情景对话"方案。结果她一个人就消耗了我32小时，这在我的咨询经历里真是极难得的事。

32小时，16次对话，最后一次对话她才看到自己的深层潜意识里储存的信息，才看到一切问题都是自己造成的，儿子的精神问题、老公的问题全是自己造成的。

所以那一次对话结束后，她把儿子从房间叫出来，拉着孩子的手声泪俱下地说："儿子，妈妈对不起你，你的问题真的都是妈妈一手造成的。"

儿子当下就落泪了，压抑她儿子内心的东西已经解除了一大半。

老一辈的人会觉得，父母怎么能向孩子低头认错呢？那是因为今天的父母出的问题太多了，是我们一手造成了我们的家庭和后代出现各种问题。

当妈妈深刻认识到这个问题，真诚地向儿子道歉忏悔的时候，儿子从那一天开始就改变了，从此再也不说任何一句妈妈不好的话。改变是如此简单，只需要你真实地看到自己的问题。

前面15次咨询，她都没有看到这个问题与自己有关，她一直跟我纠缠，并不认为自己有任何问题，她一直在与我进行辩解。最后真的在深层潜意识里看到原来自己在孩子成长过程中做了无数的傻事、错事，严重影响、扭曲了孩子的人格，动不动就指责自己的丈夫，丈夫在家里没有地位，得不到尊重。但是孩子的本能是尊重和爱自己的父亲和母亲的，这时候孩子的内心一定会产生分裂，这也是孩子得精神病的原因之一。这位妈妈最后明白了儿子的精神病全是自己一手造成的。

讲这些案例，就是要告诉大家，强势的母亲一定要学会改变，不改变，不仅丈夫会出问题，子孙后代都会出问题。强势管控的妈妈们应该停下来学习并改变自己，然后才会有真正的爱。

爱是有度的，否则就会对家庭造成深深的伤害。话虽然说得重了一点，但是我们一定要注意。后面还会讲到关于母亲对孩子的控制和不宜的举动造成孩子的性认知错乱等一系列养育过程中存在的问题，到时候我们再去详细讲。

小　结

孩子与母亲的关系影响着孩子未来的婚恋、家庭和人际关系，我们要做智慧温柔的母亲，母亲尊重、善待丈夫，更多地包容、接纳、鼓励和赞美孩子，孩子的精神世界自然会绽放，孩子的人际关系自然会融洽！婚姻家庭才会幸福！

让爱回家的作业

静下心来回想自己成长的过程，写下妈妈带给你的正面和负面影响。

不管妈妈如何对待和教育我们，现在我们长大了，都应该感恩妈妈的养育之恩，给妈妈一个电话，或是约时间陪妈妈好好深聊一次，把童年往事对自己的影响说给妈妈听，即使妈妈做了很多让我们受伤和感到痛苦的事，我们也无需向她"讨债"，说通了，就了了。也许妈妈会愿意给我们道歉，这更能消除我们童年的阴影。

优秀妈妈作业选登

听了李新异老师的课，我的作业如下。

在我家里，妈妈比较强势，印象中家里很多事都是妈妈做，连买米、买面、买煤球这样的体力活也是妈妈干，周围熟人说她是"铁人"。我们三个孩子都是女孩，连姓氏也跟随妈妈姓。爸爸曾几次表达不满，要求我们改随他姓，但各种原因，都没有成功。在我心里，爸爸的权威没有树立起来，家里缺乏父爱与阳刚之气，对我的成长有诸多影响。

妈妈对我的正面影响：一是待人真诚，对朋友很热心、很慷慨；二是有很好的审美观，选衣服眼光很好；三是勤俭持家，不乱花钱；四是注重传统文化。

给我带来的负面影响：一是胎儿期妈妈不想要我，对我的一生都带来巨大影响，生命底色就是灰色、压抑的，感受到了深深的委屈，自我否定、敏感、自卑等；二是妈妈对爸爸诸多抱怨，他们之间的争吵、打架，给年幼的我带来很多心理阴影，我成家后在和老公、孩子交流时，经常不自觉就出现了父母那种火药味很浓的说话方式；三是妈妈虽然在家对爸爸厉害，但在外面挺胆小、不自信，我继承了这一点；四是妈妈做了很多家务事，但她做的时候有诸多抱怨，现在我也不太喜欢做家务，家里的东西摆放比较杂乱。

第八讲

孩子是怎样一步步被毁掉的

毁娃五部曲

孩子的状态很多时候是不同的。有的孩子会表现出生命力非常旺盛的状态，同时也会表现出开朗、勇敢、多动、敢想敢干、行动力强、感召力强等状态，遇到事情能够拿得起放得下，不畏惧困难，也勇于承担责任。

一般来说，这种孩子在小时候体现出来的状态主要是精力旺盛，同时他能够很快地影响其他孩子，有一定的领导力。摔倒了也能很快爬起来，遇到挫折不畏惧。

但是这样的孩子可能在学习方面及早期成长的过程中更容易受到父母的否定。为什么呢？就是因为他精力旺盛，父母就可能会压制孩子，总想要让他静下来。或者我们认为他的学习状态不如我们想象的那样好，总想着让这个孩子安安稳稳、平平静静地学习。实际上每一个生命的状态是不同的。

我总是讲"千里马在'坏孩子'堆里面"，为什么这样讲呢？就是孩子的精力旺盛、活力四射，实际上是来源于父母的和谐和恩爱。这个孩子在日常的生活中，他从早到晚都不怎么休息，甚至可能玩得更晚，到十一二点他都不想休息。于是我们就会担心，甚至有很多家长自己没有这样的精力，熬不过孩子，然后就会开始否定孩子，对孩子进行压制。

否定孩子越多，压制孩子越多，孩子呈现的问题就会越大。首先他会觉得莫名其妙，会觉得很委屈。我们一定要知道，人是有情绪的动物，每一个生命都是有情绪的。

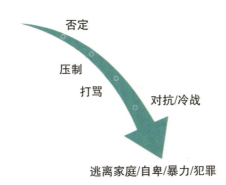

生命状态强的孩子被毁五步

如果孩子的精力旺盛、爱玩爱动，但学习状态不行，那就会遭到家长和老师的共同指责、压制，甚至回到家就被父母打骂。这样一来，孩子就有可能出现很多的问题，孩子就会开始扭曲。孩子慢慢地就会出现较大的心理问题，这些问题大部分是由家长的行为导致的。打骂和压制会断送孩子对未来和人生的期待，包括对学习的期待。他在学习过程中感受到的就是无趣、煎熬，或者进行自我否定，孩子自然会认为自己不如别的孩子，认为自己就是一个学习不好的孩子。

当爸爸妈妈打孩子的时候，孩子就会想，这是我的爸爸妈妈吗？我是这个家庭的人吗？就会产生巨大的内在的对抗和抗拒。

代沟是怎么形成的？其实很简单，就是因为父母根本不懂孩子的生命特征，不知道孩子是有情绪、有人格的，父母始终是以自己的成长经

历去要求孩子。

很多父母，随意对孩子的人格进行践踏。骂孩子就像骂狗一样，或者直接就说"你像一头笨猪一样蠢"。这个"猪"好像没有情感、没有情绪、没有人格，但是实际情况恰恰相反。

孩子具有很强烈的渴望被尊重的意识。所以他看到别的孩子考试成绩好，他考试成绩不好的时候，其实他自己会自责，会跟同学进行比较，感觉自己不如别人。然后我们父母再去对他进行压制、打骂，他就会越来越觉得自己不行。所以毁掉一个孩子其实很简单，就是我们不断地去否定孩子、压制孩子、打骂孩子。

于是你说的话，孩子就会不愿意听，打骂孩子过多，如果他的精力旺盛，性格刚硬，再加上激素水平及情绪控制能力等因素，他很可能会成为一个有暴力倾向的人，将来一旦面对大小冲突的时候，他很可能诉诸暴力解决。

为什么呢？因为他被侮辱和压抑的怨气、愤怒的情绪都积压在心里面没地方释放，他们心里布满仇恨，他就会开始跟父母撒谎，跟同学打架。被父母知道了自己撒谎、打架又要面临父母的指责打骂，他就开始逃离这个家庭，游荡于社会，无家可归，没有温暖可言，没有信任。"你为什么要撒谎呢？诚实是做人的基本原则，你不知道吗？"家长就开始上纲上线，开始跟孩子讲道德。

但是孩子为什么要跟你撒谎啊？其实就是孩子知道，当他把真实的情况告诉了你，他得到的只有否定，得到的只有指责、打骂，所以说他只能用撒谎换来一天的安宁，换来一天的不被父母指责打骂，能好好度过一天是一天。

这样一来，等孩子大了，积累的这些负面情绪越来越多，有一种可能就是得抑郁症。另一种可能就是进入社会后，他会远离家庭，甚至会完全脱离家庭。

从这个家庭里面感受不到父母的恩爱，感受不到父母对自己的关心和爱护，这个孩子就会寻求外面的温暖。甚至就开始通过其他的办法去寻求一种对自我价值的认同。

有的小孩去偷东西，他为什么要偷东西啊？因为他偷东西的时候，他感受到那种刺激的快乐，他感受到那种自我的价值感。一个人偷东西的时候，他没有被发现，就感到很有成就感。问题慢慢地演绎出来，等你发现孩子出现这些问题的时候，你就会进一步地用道德来压制孩子，但是你丝毫没有觉察到这一切问题其实与你有关，与我们做父母的有关。

孩子不是无缘无故出现这样的问题的，他不会无缘无故跟别人打架，不会无缘无故地成为一个流氓，不会无缘无故地去偷东西，不会无缘无故地去骗人。不会的。

我们常说每一个孩子都是天使。是我们父母的行为，父母对孩子的冷漠、不关心，父母的无可奈何导致了这一切的发生。也就是讲作为父母，我们的心是非常枯萎的，没有把爱、宽容和理解带给孩子。只是一味地看成绩，一味地看老师对孩子的评价，一味地用·种模式来限制、要求孩子。这造成的问题就很多很多。逃离家庭、自卑自残，甚至到后面，当父母不断地批评、指责、打骂，超出孩子负荷的时候，孩子就可能自杀。我们看到的孩子自杀案例，大都是如此。

我告诉大家，那些自杀的孩子绝对不是坏孩子。那些孩子都是因为受不了父母的否定和打骂，觉得做人实在太没有意思了，活得没有一点人的尊严，没有一点人情的温暖。

是谁让这个孩子活得没有尊严？一定是父母和老师。老师还是次要的，最主要的就是父母。我们丝毫没有想过如何去缓解孩子的内心压力，丝毫没有想过孩子是需要父母爱他一辈子的。无论外面的人，包括老师怎么样指责、否定我们的孩子，是我们父母要陪伴孩子一辈子，是我们父母要为孩子未来的状态买单。痛苦一辈子的只能是我们父母和我们的孩子，不会是老师或者别人。

作为家长，是不是要把好的东西给孩子？是不是要鼓励、赞美、欣赏我们的孩子？是不是要让孩子整个内心世界不至于产生巨大的对抗，让孩子回到家觉得是安稳的、温暖的？

精力旺盛的孩子如果平稳地走过了青春期，没有出现重大的问题，将来进入成年社会他就会很有作为。为什么？因为他会很有朝气，相应地就会产生很多好的能力，包括精力充沛、行动力强、感召力强等。社会里面非常需要这样的人，因为这样的人，他勇于去开拓、勇于承担压力。

我到一家律师楼去演讲，律师楼的律师们以前始终想不明白，他们接触的很多少年犯，明明可以不犯罪，明明不应该犯罪，可是为什么他会犯罪呢？大家总觉得这个后面有一个动机，有一个诱因在促使他们犯罪，但是大家都想不明白。听完我讲的家庭正负能量课后，他们才明白过来。很多人都感动得落泪，"哎呀，这堂课讲得太好了，把青少年犯罪的根源给说清楚了。要是让父母提前都能听到李老师这样的课，社会上就会少很多犯罪的孩子。应该有个'父母上岗证'，发证前听李老师的课，然后考核发证。"

父母不懂得养育自己的孩子，而孩子永远都是父母的，哪怕他犯罪了也是你的孩子。他是好是歹，你都要陪伴一辈子，操心一辈子，煎熬一辈子。

广东省社会学学会潜能开发研究专业委员会专门安排了一次咨询活动，以我讲的"易经应用心理学"组成一个专业咨询小组，去一个小学进行"问题孩子"康复课题的研究实验。小学校长专门安排了三个"问题孩子"，全部是接受过四次以上心理咨询与辅导都没有办法改变的孩子。我们第一次去仅仅是了解了孩子的基本情况，简单地给班主任、孩子、家长进行了一个短暂的对孩子生命状态的解读。

因为是课题研究，领导希望有完整的康复咨询的过程与实施方案，最终形成"问题孩子"康复的案例报告。所以第二次去学校时，对第一批三个孩子正式进行分析和康复改变方案的制订。

我们到了学校后就准备开始分析，但校长突然换了三个"问题孩子"，同样是接受过四次以上心理咨询但没法改变的孩子。我们一看，不对啊，本来这次来就是要出明确的方案和报告，前面三个孩子我们还没有开始正式谈呢，怎么能换了三个孩子呢？这样没法写报告啊！

结果校长说："经过上次的解读，孩子、父母、老师的状态全部都改变了，不用再做了，所以今天换了三个孩子。"

结果我们去了三次，校长提供了九个孩子，全部都是一次解读就把孩子、父母、老师都调整过来了。这就是中国文化的厉害之处，这就是"易经应用心理学"的厉害之处，可以跨越时空与心理学研究的必要条件，直接解决问题。最后校长要我跟全校老师讲一堂课。我讲的题目就是"每一个孩子都是天使"。

孩子为什么是天使？首先我们需要正确认识生命，包括我们对孩子的生命状态和生命本质的认识。所谓生命本质，就是每一个孩子都希望自己是最优秀、最尊贵的那个天使，尤其是在父母面前。

孩子精力旺盛，就像打足了气的篮球，轻轻一碰它自己就蹦起来。你要压制他干什么？你非要压制他在这里安安静静地睡觉吗？

我到一些学校去讲课，就听到有些幼儿园甚至强制孩子午睡，为什么？就是让孩子在中午时能够安静地睡觉，能够安静地接受管理。可是这个生命他就是精力充沛的人，就是爱蹦蹦跳跳的人啊！为什么我们就不能接纳孩子这种状态呢？我们这一代人从小都是在蹦蹦跳跳的状态中、在成天玩耍与快乐中成长起来的，丝毫没有影响我们的什么健康啊，精神面貌啊，以及情商、智商、财商、法商等。相反，我们活得不是很健康、很快乐吗？

之前有一个案例就提到，一个十岁的孩子，父母说他踢足球踢到晚上十点半还不回家。我说那就是精力旺盛，这不用压制，可以踢到十一点，十一点还不想回来，那就踢到十二点。就是他的精力充沛，他需要把它消耗掉。看看很多著名运动员的训练成长史，就知道他们为什么会是顶级的运动员，在他们运动生涯的起步和进步的过程中父母都是大力支持的。

深受大家喜爱的2022年北京冬季奥运会滑雪冠军谷爱凌就是一个很典型的例子。很多家长可能只看到她说她自己每天睡十个小时，然后转头跟自己的孩子去强调睡眠的重要性，可是能安安稳稳睡十个小时的背后是高强度的训练。身为滑雪教练的母亲也一直在支持着她的兴趣，哪怕是很多时候因为母亲觉得跳台项目太危险，不敢看她的现场，只敢看回放录像，哪怕是她遭遇伤病的侵袭，但谷妈妈始终义无反顾地支持着她。

父母要知道孩子的状态，不要总是批评和压制。孩子跟父母之间始终要保持着良好的关系、理解的关系。孩子只要能得到父母的支持和温暖，这个孩子将来一定不会出现自残，一定不会出现抑郁症，一定不会出现压抑、甚至想自杀的这种状态，绝对不会！

为什么？即使他在外面承受了很大的压力，但回到家，家里始终是温暖的，他是被自己父母理解、接纳和支持的，他的内心就会很有力量，足以去面对生活中的一切困难和挫折。但是很多父母不知道怎么样对待孩子。前面讲课讲到了"大树下面无法长出另一棵大树"，很多做父母的总是在自己孩子面前显摆，显示自己很优秀，然后就强烈地要求自己的孩子要达到自己的标准。

有一位全国有名的中学的班主任，因为他自己非常优秀，当然对自己的儿子从小就很有要求，不能接触谁谁谁，不能干吗干吗，一定要考第几名，等等。为什么这样去要求孩子呢？其实没别的，父亲就是想往自己脸上贴金，要面子。如果自己的孩子做好了，就会觉得"我的孩子做得好，你看我就是最牛的班主任"，自己脸上多有光啊。

但是这些行为很有可能给孩子造成极大的压抑。如果你的孩子并不是个读书的料，不一定是个能够按照你要求的模式去成长的孩子，那么他在这个过程中就会颓废和排斥。

在这个孩子成长过程中，父亲要求他变得越来越优秀，结果他越来越差；父亲要求他不要跟那些坏的孩子交往，而他交往的全是坏孩子。

完全是反着来的。

后来父母老了，到七十多岁了，孩子自己也已经四十多岁了，年富力强。这个时候到底是听父亲的还是由儿子自己做主？儿子这个时候就回过头来影响父母。他拼命赌博，把家里的财产都输光了，最后还想把父母从他们住的房子里面赶出去，把父母的房子卖掉还赌债。

这个时候父母就崩溃了，对吧。七十多岁了，没有能力跟自己的儿女打架吧，孩子就直接跟父母说："把房子卖掉给我还债吧，你们就租个房子去住，反正有个地方住就可以了。"就这样来对待父母。

我们会骂这个儿子不孝，骂这个儿子是逆子，那到底是谁的错？是什么原因使他这样对待父母呢？其实都是父亲从小对他的否定，导致他跟父亲形成强大的逆反心理和对抗的念头，已经形成了一个深层潜意识程序在后台运行。也就是他那个心念是反着来的、是对抗着父亲的要求来的。父亲不想看到的东西，最后儿子都演示给他看。所以说是不是你自己毁了自己的孩子？不仅毁了自己的孩子，你的孩子还会继续影响他的孩子，也就是你的孙子（孙女），孙子（孙女）也一样会继续影响他的下一代，所以说它是一代一代地往下影响。事实上，上面这个案例的孙子就是这样，长大后完全重复了自己父亲的状态，颓废、结交坏孩子……让爷爷奶奶痛苦不堪，让父亲痛苦不堪。

而这一切根本上就是父母不懂得怎么养育孩子。我们认为自己很牛很牛，然后我们就去压抑孩子，不懂得给孩子一个正确的方式、一个宽容的方式，不懂得怎样去带领孩子很好地成长。甚至对自己的孩子表达爱都很难，更别说陪伴孩子一起成长。

所以我们看有些多动症的孩子，其实还真不一定是疾病，只是因为他的精力是充沛的。我们不要随意去界定这个孩子是"问题孩子"还是"好孩子"。我康复改变了无数的"问题孩子"。为什么能做到呢？其中核心的一点，就是我认为所有的孩子都是优秀的，都是天使。所以我跟他们交流、谈心，随时会看到他们的优点。但是做父母的呢？往往一开始看到的就是孩子的缺点，就会形成巨大的反差和严重的问题。

所以毁掉生命状态强的孩子的五部曲是什么？否定、压制、打骂，进而形成对抗，再后面就是离家出走，然后就是自卑、自残，或者是抑郁，或者是走上暴力犯罪之路。这个后果非常严重，未来这个创伤将陪伴你孩子一辈子，一直到他老去、死去。所以到最后你会发现，苦果都是当初自己种下去的。

再说精力旺盛的孩子。那么我们该如何培养精力旺盛的孩子呢？就是给予信任、肯定、鼓励，给空间让孩子自然成长，观察他的能力到底在哪个地方。如果他喜欢运动，我们就让他去运动；他喜欢玩，我们就让孩子好好玩，正确引导。

为什么呢？因为你首先要保护孩子的自信心，然后再激发他的行动力。你首先要看清楚孩子的能力、特点在哪里，只要引导得正确，他将来进入社会以后，优秀的因素一定会绽放出来。

今天我们很多的教育是急功近利的，我们只看到眼前的成绩好坏，看不到孩子未来会呈现出什么样的状态。我不能确定你孩子未来会是什么样的状态，但是通过我们"新异心理"的技术指导和理论分析，我们就能学会要因材施教。中国古人讲的因材施教，是指父母在孩子小的时候就知道他是一个什么样的人才，适合朝哪个方向发展。从而欣赏、鼓励孩子，使孩子在成长中没有那么多的压力。孩子就会在轻松当中建立自己的自信，朝好的方向走，朝你所要求的道德品质等方面自觉地走，走出他自己的灿烂人生。

如果采用的是压抑、批评、打骂等方法。我告诉你，你用再高的道德品质去要求孩子都会适得其反。所以我讲爱玩爱动是孩子的本能，是健康的体现，"坏孩子"经过好的教育和培养也会成为千里马。我们"新异心理"这样讲，这样做，改变了很多很多的孩子，也影响了很多的家长和老师对孩子的分析判断。

我们放眼人生的长河去看：人生前18年是很短暂的，再来一个18年也只是到了36岁吧，再来一个18年也只是到了54岁，所以说人生有很多个18年。早期的这个18年，我们父母需要做的就是保持孩子的生命状态，不指责、打骂，不压制、否定。

生命状态弱的孩子被毁，同样有五部曲。状态弱、精力不够旺盛的孩子，其表现出的特征就是胆小、紧张、害怕，内心脆弱，体弱多病，遇事紧张、回避，胡思乱想，很在意别人的评价，不能承担压力，也不能承担责任，渴望得到保护，等等。这些相对比较弱的孩子的被毁也同样是缘于父母。

生命状态弱的这些孩子，做父母的是不是会呵护？是的，父母会不断地呵护孩子，表现出对孩子的爱和关心。如果没有爱和关心，孩子就会怯懦，因为恐惧，他就会以愤怒、尖叫来平衡自己的身心。

孩子文弱，行动迟缓，一旦生病，父母就要全心全意帮助他、呵护他，于是就逐渐造成了孩子的依赖性。什么事情都由父母来包办，然后父母觉得这个孩子没有能力，拖拉懒散，什么事都替他操心，快点穿衣服啦，快点吃饭啦，快点收拾房间，快点做作业啦，快点……没完没

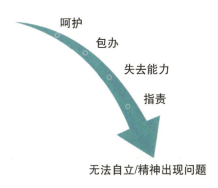

生命状态弱的孩子被毁五步

呵护
包办
失去能力
指责
无法自立/精神出现问题

了。父母总是催促，但是这个孩子就像一个泄了气的皮球，怎么拍也拍不起来，父母就会开始操纵他所有的行为，帮他穿衣、喂饭、穿鞋……慢慢地，父母就取代了他所有的行为。取代得越多，这个孩子各方面的能力也就越弱，形成完全的依赖。

　　生命状态弱的孩子跟强的孩子完全相反。强的孩子是否定、压抑他造成问题，弱的孩子是呵护他造成问题。因为你的代劳，慢慢地他就失去自主性和自信心，再大点他甚至会失去部分能力。为什么？你嫌弃他。父母说："哎呀，你做事情太慢了，你难道就不能快一点吗？"他做什么父母都看不上眼，而且可能就这样看他一辈子。父母眼里他就是这样的人，就是个慢腾腾的人，慢条斯理，做什么事都不慌不忙，是个什么事情都做不好的人。

　　慢慢地，随着孩子长大以后，你发现这孩子什么都不会干。"你都这么大了，怎么什么能力都没有啊？怎么什么东西都不会啊？！"孩子也觉得奇怪呀，他被你指责的时候已经自责到极点了，"我就是不会，你要我洗衣服，我不会；煮饭我不会；扫地我不会啊。"他做什么都没有

主见，做什么都束手束脚。

这些基本的事他都不会做，什么原因啊？因为在他成长的关键时期，这一切全部被父母或长辈取代了，特别是被妈妈取代了。就是因为在他小的时候，父母看他这也不行那也不行，做事缓慢，所以父母就取代孩子，帮孩子去完成了这一切。哥哥姐姐、姑妈阿姨、爷爷奶奶都认为他啥也做不好，所以干脆不让他做，没有任何让他试错的机会。

等到孩子未来没有这个能力的时候，父母或长辈就以成人的观念来评判他，特别是他到了十八岁之后，就指责他："你怎么还不会啊？你怎么回事啊？那么点小事你都不会你能干什么？"

你看，剩下的全是指责。其实孩子没有能力没别的原因，就是他早期成长的过程中我们父母包办得太多了，取代了他自己在成长中应该承担的事。我们说"三岁看大，七岁看老"，这个理论中国古人讲了上千年，西方也认识到了早期教育的重要性。在早期教育理论中有一个公认的说法，就是我们人类百分之八十以上的东西都在七岁以前奠定了。可是在那个时候，父母带给孩子的要不是过多的呵护和包办，要不就是批评、指责、打骂。

因为看到孩子的迟缓，看到孩子的能力欠缺，我们就拼命地帮孩子去补充这些东西，完成这些东西。可是当他进入成人社会后，我们就用道德来衡量他。这个时候若发现他没有这个能力，他自己也会着急，他自己也会觉得不知道要怎样活，要怎样去满足父母的期待，所以说他也就无法自立。这就到了第五步，他无法建立自己的人格，无法建立自己的信心，然后精神就可能出问题。

为什么精神出问题？因为他左也不是，右也不是，反正怎么样做都没办法入父母的眼。他的精神太弱、行动力弱，他胆小，不敢离开家独立生活。所以他就始终被父母笼罩，被父母制约。最后这个孩子就可能出现精神问题。

所以精神病怎么来的？精神病很多是我们父母造成的。也就是讲你把孩子作为"人"的所有行为都取代了。等他大了，你发现他没有这种能力的时候，你又回过头来指责他，他也不知道为什么。你就更加莫名其妙，"你都长大了，怎么还不会做这些事情呢？"其实都是我们父母早期出现的错误造成了孩子这样的状态。等到孩子长大进入了成人社会，想要自立，自立不了，立不起来，精神就容易出问题。等到精神出问题了父母还在骂他。等于你非要推他出去。"你要去恋爱，你要去结婚了。"结果呢？他本来就有缺陷，他胆小，不敢跟人交往，最后无法收拾，就出现精神问题。

生命状态强的孩子，父母打骂、指责、没有爱，孩子会反抗、叛逆、报复；生命状态弱的孩子，父母溺爱、包办过多，孩子无法自立、自信、自强起来，后果都是一样的。所以父母要认真地反思，错在自己而不在孩子。

那生命状态弱的这些孩子，我们应该怎么样养育呢？我们在合适的时期，一般是在孩子12到15岁时，就要创造机会让孩子离开父母独立生活，让他跟同学去交往。

孩子离开父母早了也不行，为什么呢？因为他本身就胆小怕事，太早离开父母，他就会形成对父母的怨恨。但是到了初中之后，他已经开始长大了，他需要适应跟同学在一起，建立自己独立的人格、学会掌握独立处理问题的能力。

这时候我们做父母的就要真正地放手，一般来说，生命状态弱的孩子，到十八岁以后，就应该远离父母去外地学习、工作、生活。这样，他在跟同学、跟朋友交往过程中慢慢地重新建立他的人格，建立他的自信心。所以必须脱离父母、远离父母。

这样的案例我们看到的就太多了。如果在这个时期你发现孩子要远离你，不要限制他，只有离开了你们，他才能建立起他自己的人格和自信。如果这样的孩子长期在父母身边生活，那这个孩子精神出问题的可能性超过80%。他只有构建好自己的人格，才能自己独立成长。

为什么要离开父母呢？因为没有父母在耳边的唠叨，没有父母在耳边告诉他"你要这样做、要那样做……"所有的事情他都必须自己决定。将来他进入社会，他才能适应得更好。

所以说生命状态弱的孩子到了一定年龄远离父母独立生活是一件好事，对他心智的成熟是十分有利的，这个决定要得到父母的肯定和鼓励。我在长期的咨询实践过程中，用这种方法去调节孩子的生命状态取得了很好的效果。

我们只需要让这个孩子回归社会，去跟人交往。可能你会说"他没有能力啊，他颓废了怎么办啊？他这也不懂那也不行啊"。我告诉你，这都是你的紧张焦虑，是你自己需要反省的问题。

你认为他没有能力，恰恰是你这种思维把孩子给毁了。当他处于他必须自己独立去完成一件事的状态下，他的生命潜能就会被激发出来，他独立做主的能力就会发挥出来。进而他就有了做人的快乐，他就有了自信心。这一点是我们一定要认真了解和明白的。

小 结

我们父母不懂孩子的生命状态，不恰当的教养方式最终会伤害孩子的心灵，打压孩子的自信、自尊，甚至扭曲孩子的人格，使孩子丧失独立自主的能力，无法适应社会。

生命状态强的孩子，他有比较强的影响力、感召力和行动力，如果我们指责、打骂、压制孩子，孩子必然遭受巨大的痛苦，遭受巨大的压抑，于是开始反抗或者逃离父母，破坏社会。

另一种是生命状态弱的孩子，他能力差一点，胆小、懦弱、紧张，如果我们过分呵护、爱护他，帮他做这个事、做那个事，最后他什么能力都没有，没有能力长大成才。当他长大后，父母发现孩子没有什么能力，最后又反过来指责孩子，使孩子无所适从，但这一切都是父母自己造成的。

所以，我们说养育孩子很重要。养育孩子一定要知道孩子的特性、特点与生命状态。当我们知道、明白了这些，才可以给孩子以正确的引导。

对于生命状态强的孩子，我们要认可、鼓励和赞美；对于生命状态弱的孩子，我们也一样要鼓励、赞美，让孩子学会独立完成和处理自己的事情。

让爱回家的作业

回顾自身的成长，从原生家庭父母的养育教养方法中寻找相应的问题，写下来。就是说我们父母是怎样养育我们的，我们对比这个过程中的问题，明确自己的状态，原谅父母，激励自己。

 **优秀妈妈作业选登**

听了李新异老师的课，我的作业如下。

我是个文弱的小孩，但是爸爸对我要求极其严格，打骂都是家常便饭。妈妈正相反，在学习上一点都不管，只是从心里认定我不太行，所以时时处处都想保护我，替我做决定。

我在这种"一半是海水，一半是火焰"的原生家庭中长大，我敏感胆小，自卑焦躁，同时又很想冲破家庭的管控，做我自己。

工作以后我非常不适应社会，尤其不知道如何跟领导相处，这也体现了跟父亲的关系问题。我连续换了几份工作以后又赋闲在家，跟父母矛盾不断。

在二十四岁那一年，我终于摆脱了父母，一个人去了北京。在北京四年的独立生活，我才真正可以做自己的主，自由呼吸。虽然日子过得艰难，但是也都扛过来了。最后又回到父母身边，因为我看到了他们的辛苦和不易，真心地愿意陪伴他们安度晚年。

我的原生家庭就是典型的控制型家庭。爸爸是强势打压，妈妈是过度代劳。但这一切都没有压抑住我想要"自主"的本能，李老师讲，"自己做主才能体会到做人的快乐"，这句话我深刻认同，因为我就是这么过来的，在北京没钱吃饭的日子，也好过被父母投喂但是没有自由的日子。

所以，自主是不可或缺、不可替代的，对每一个生命来说，那是尊严的基础，是快乐的底气。也感谢父母，为我提心吊胆日夜牵挂了四年，让我终于长大，长成了我自己。

第九讲

优生优育，别忽略心理层面

孕育生命的秘密

我们看到过一个视频：一名女出租车司机做B超的时候，看到胎儿好像在做"踩油门""弹离合""换挡""刹车""拉手刹"的动作，这些动作麻利得很。世界上年纪最小的"老司机"马上要诞生了。

这个视频引起了我们的关注。婴儿的妈妈是一个出租车司机，她看到胎儿在自己肚子里面的影像好像在做一套完整的驾驶动作。这说明了什么呢？这难道仅仅是一个个案的现象吗？还是所有的胎儿可能都会模仿妈妈的动作，感受到妈妈的心理状态？在这里我要跟大家讲，这很可能是所有的生命所共有的现象。这就是我们提出来的，重新认识生命的问题。

这个视频是2019年才出现的。我们"新异心理"的学员经过无数次的"潜意识情景对话"，早就察觉到这个影像背后的含义，我们在家庭正负能量课中至少已经讲了十五年了。孩子在胎儿时期能感受到什么呢？他们也许能感受父母的心情和情绪，父母的内心状态，以及父母之间的关系。不是单纯只感受母亲的状态，而是父母的身心状态、情感状态，他们都能清清楚楚地感受到。

母亲在孕育孩子的过程中，父母的情志，即父母的思想、心理、道德品质、行为模式和身心状态等都会影响到孩子。十月怀胎奠定了孩子初始的生命状态。一个人的底层潜意识的大部分因素就在这个时期奠定下来了，这是绝大多数心理学过去所意识不到的。

举个例子：20世纪50年代，生活过得很苦，做父母的是不是会非常抑郁？那这一切就是父母面对世界的情志状态。父母处理情绪和关系的能力，处理压力的能力，就是代表情志。在孕育孩子的过程中母亲的精神若处于抑郁、压抑的状态，这就很有可能是孩子将来精神状态消极的原因之一。

我们如果不能把这个根找出来，想要治好孩子的这些问题，恐怕就很难。如果我们找到了这些根，再去处理这些问题，可能就会很容易，这就是为什么我能康复、改变那么多的"问题孩子"。

我们再讲一下母亲流产。中医讲是母亲身体不健康，西医也会讲可能是高龄产妇、身体某项机能出现问题等，这当然是其中的一种原因。但是不是还有另外的原因导致流产呢？很有可能。

如果妈妈在怀孕过程中总是忐忑、紧张，或者夫妻经常剧烈争吵、关系紧张，在这种状态下，母亲就会在心理上排斥孩子，或者觉得怀孩子怀得不是时候，甚至有不想要这个孩子的心理，那这一切也会传导给孩子。

前面已经说了，在胎儿时期，孩子能感知父母的心理状态，他能感知到什么？如果父母传递给他的信息是不想要他、嫌弃他，他感受到母亲的压抑、痛苦和焦虑，各种负面情绪交织在一起，引起母子身心状态一系列的恶化，先兆性流产就可能发生了。

先兆性流产如果发生在胎儿六七个月的时候，虽然我们可以通过医学技术保住这个孩子，但由于他在胎儿时期接收到了父母不良的身心状态，他在成长过程中就带有很多封闭自己的因素；而父母养育孩子也相对比较困难。

通过对深层潜意识的长期探索和研究，回溯到胎儿时期去看孩子出现问题的原因，我们发现很有可能是胎儿时期孩子接收到父母不好的思想情绪与信息。思想是一种能量，母亲的身心受到了压抑，传导到胎儿身上，很可能造成胎儿身体的畸形或者弱智。

如果我们懂得孩子是一个有灵性的生命，是一个真正的生命，有感觉、有情绪，在胎儿时期就可以感知父母的心理状态和各种信息，那么我们是不是会很慎重地面对我们孕育孩子的过程和夫妻关系呢？如果当初这样做就很可能改变了我们的一切，改变了出生后的孩子。

恩爱的夫妻关系与和谐的家庭氛围奠定了孩子初始的生命状态。孩子出生的生命状态好与不好，其实是与父母是否恩爱密切相关的。除了父母恩爱、相互关心、相互爱护，父母如果跟孩子爷爷奶奶、外公外婆在一起也是相互爱护、相互关心的，那孩子出生以后的生命状态一定是强的。因为父母的道德品质、心理状态及行为模式都会影响到孩子。

父母的身心状态不好，传递给孩子的就是不好的生命状态；父母身心状态好，那么孩子呈现的生命状态也就很好。这就是讲家风建设和家庭正负能量形成的基础。好的方面，我们可以一代一代、持续地往下传递；坏的方面就吸取教训，加以改正。

我碰到过这样的一个案例：孩子母亲跟继父一起来找我做咨询，说："孩子现在十七岁了，患有自闭症，怎么办？"

我问："孩子什么时候发现有自闭症的？"

她说："两岁。"

我问："两岁的时候你们夫妻之间发生过什么事？"

她说："两岁的时候我和前夫离异了。"

这个孩子两岁之前的行为模式与交流都是正常的。那父母离异会不会是孩子患自闭症的原因呢？我觉得不一定，所以我接着询问她："孩子出生前发生了什么事？"事情继续往前推导到胎儿期了。

妈妈说："预产期前六天的时候突然感觉孩子在肚子里没动静了，所以我们赶快去医院检查，医生说孩子窒息了，必须马上剖宫产！"

那孩子为什么这个时候会窒息呢?

所以我接着问："孩子出现窒息的前一天，你们夫妻之间发生了什么?"

"我们夫妻爆发了剧烈的争吵，吵架、打架！"

"你们夫妻吵架、打架的时候，你心里有什么想法？"

"我肯定是不想要这个家，不想要这个孩子啊，我干吗替他生这个儿子啊？"其实这是一个必定的答案！

夫妻之间发生剧烈矛盾，打架，在愤怒的情绪下面，产生了这种强烈的不要孩子的想法。第二天妈妈就发现胎儿没动静了，赶快跑到医院去检查，一检查医生说孩子窒息了。

母亲痛苦、紧张、烦躁、焦虑等不良情绪给自己的身体带来了一系列不良的反应，也直接传导到胎儿的身心，必然给胎儿带来不良影响。

幸好医生马上决定剖宫产，孩子得以顺利出生。如果是在以前医疗条件欠佳的时代，这个孩子很可能就胎死腹中了。

在进一步的咨询中我们得知，孩子两岁的时候，父母离异了，孩子开始呈现出自闭症的状态。其实早在胎儿时期，父母已经给孩子种下了许多负面的潜意识种子。父母离异时，父母争吵、打架，家庭氛围紧张、冰冷，孩子的身心感受到的都是紧张、焦虑、恐惧、压抑等负面情绪，这就催发了孩子胎儿时期负面的潜意识种子。

"新异心理"至少接触到四五十例这样的家庭和孩子，我们都帮他们把原因找出来了，最后发现都不是孩子的问题，而是父母的状态影响了孩子。

所以孩子的一切都与父母有关。现代心理学研究自闭症，都从分析孩子的状态，分析孩子的人格、学习能力、智力、行为模式等入手，再围绕这些因素对孩子进行训练和改变。

但是我们研究的切入点更宽一些，我们先要找到孩子患上自闭症的原因是什么，启动自闭症的机制是什么，导致封闭行为状态的根本原因是什么，把这些东西找出来，然后再去实施全面的治疗方法，那就可能起到"四两拨千斤"的效果。

有的妈妈在怀孕期间受到公公婆婆或老公的压抑，心里就很不舒服，很不舒服是不是一种抑郁状态，自闭状态？孩子出生后她的情绪状态会不会受到影响，会不会封闭自己？

有个儿童康复医院请我去讲课，康复医院有两百个孩子，90%是自闭症孩子，剩下的就是抑郁症孩子。我一去，家长们围着我希望我给他们的孩子治疗自闭症。我说我治疗不了自闭症，但是我可以给大家分析一下你孩子患上自闭症的潜在因素。

于是我说："丈夫在家里是个宅男，不跟妻子说话，不跟妻子交流，孩子得了自闭症的请站一排。"马上二三十个家长就站了一排。

那为什么丈夫不跟妻子交流，孩子可能会得自闭症呢？没别的，就是因为妻子在婚姻过程中、在家庭大环境里感觉不到温暖，感受到的是各种压抑，生理跟心理都得不到丈夫的关心爱护，尤其怀孕期间，这就可能导致孩子的母亲非常抑郁，甚至产生自我封闭，那传递给孩子的，最终可能就是内心封闭的状态。

同样，如果公公婆婆总是要求儿媳生儿子，如果生的是女儿，公公婆婆可能会经常念叨儿媳："连个儿子都生不出来！"在这种状态下，儿媳是不是非常的压抑啊？

等到哪一天儿媳又怀了孩子，她是不是忐忐忑忑？是不是担心又生个女儿？等把孩子生下来一看，是个儿子，哇！皆大欢喜。

但是，十五年以后，二十年以后，如果这个孩子出现内心封闭、抑郁的状态，很有可能是在胎儿时期种下的底层潜意识，在这个过程中，因为妈妈受到压抑，妈妈跟孩子都是受害者。

又比如"女汉子"是怎么产生的？

我们从心理学的角度去研究"女汉子"的潜意识来源以及心理心态，通过深层潜意识探索会发现，在怀孩子的时候，爷爷奶奶、父母都强烈地希望生个儿子，但是生的却是女儿，这个念头有可能就是"女汉子"的潜意识种子。

一个女婴接收到父母要生个儿子的念头，她为了附和爸爸妈妈的期待，也认为女孩子不好，对自己进行女性人格的否定。所以在她成长的过程中，这些念头慢慢就使她演变成了男性化的人格。

"女汉子"长大成人以后，最终还是要去做个女人，但她做不了，也做不到。

为什么做不到呢？因为她的潜意识不允许她回去，在她的潜意识里是对成为女人的否定。有些"女汉子"在后面可能婚也结不了，因为她自己讨厌做女人，女人的温柔会让她觉得非常恶心。这是不是就影响这个女性的一生啊？

还有部分孩子会呈现出以下的共同状态：胆小、懦弱、紧张、害怕，遇到人回避、不敢说话。为什么会形成这些状态呢？

如果母亲在孕育孩子的过程中，躲躲藏藏、紧张害怕，遇到人不敢说话，刻意回避。那么母亲的所有思想、心理和情绪也可能会无条件地传递给胎儿时期的孩子，影响到他们的成长。

如果我们懂得了这个道理，要解决孩子的问题那是轻而易举的事。特别是作为一个心理咨询师，你清楚了这个"因"在哪里，知道了"因"，"果"就会很快得到改变，你就会很快地把孩子的问题解决了。

举一个例子，有一位阿姨问我："李老师，我两个儿子性格截然相反，大儿子二十岁，热情开朗、乐善好施、积极进取；小儿子十五岁，胆小、懦弱、紧张，还喜欢哭哭啼啼的。同样是我养育的孩子，为什么会呈现这两种截然不同的状态？"

我说："很简单，你怀第一个孩子的时候，夫妻恩爱，孩子出生以后，你们鼓励他、赞美他，所以孩子成长的过程中始终是积极阳光的，等他成年进入社会以后，就自然呈现出积极阳光的状态。但是你怀第二个孩子的时候，生活压力导致刻意回避与人交往、胆小害怕，有很多担心、焦虑的情绪，结果你的孩子出生了就可能呈现这样的状态。"

这个妈妈马上上台发言，她说："李老师讲的全对了，我怀第一个孩子时就是夫妻恩爱，孩子出生后，对孩子鼓励赞美，孩子成长得很好。怀第二个孩子时就焦虑不安、担心害怕，结果没想到孩子出生后是这种状态。"

我到一个中学去演讲，校长想让我教老师们怎样教育"问题孩子"。临到上台前，校长说："李老师，您还是按照您的方式去讲，不要按照我说的去讲。"

我说，好！一上台我就讲怎样养育好自己的孩子，其中重点就是讲孩子的问题很可能就是父母、老师的问题。讲完了以后，校长上台发言，眼泪就啪嗒啪嗒地往下流。他说："我本来是请李老师来教我们全校老师怎样教育'问题孩子'的，但是李老师讲给大家的是要想教好孩子，先要做好自己。"所以校长很感谢我，让老师们做好自己，教好孩子，这是多好的事情啊。

小 结

人在胎儿时期已经开始受到父母的影响，生命的初始状态在胎儿期就开始奠定。十月怀胎就好像是在写下一个生命的初始密码，他的正能量、负能量、性格、脾气及往后传递的东西，在这个过程中就可能已经开始形成了。

让爱回家的作业

写下你怀孕期间的心情及家庭关系状态，反思与孩子当下的状况有哪些影响，这是作为我们成年人要去反思面对的。

优秀妈妈作业选登

听了李新异老师的课，我的作业如下。

我的孕期心情和家庭状态是：

大女儿：怀孕期间生活安定、工作顺利，夫妻关系和谐、备受呵护。经常听音乐、读经典，人处在安全满足的状态。

二女儿：怀孕期间事业再度重挫，倾家荡产，无奈、消沉，对前夫怨恨，对未来绝望。夫妻关系非常冷淡，曾发生剧烈争吵，我想要打掉孩子，我母亲支持，前夫反对，坚决留下孩子。我怀孕期间长期读经打发时间，分散注意力。

对应地，孩子呈现的生命状态是：

大女儿：阳光开朗、积极向上、善良、勇敢、善解人意、孝顺、聪慧、多才多艺，除了丢三落四、做事拖拉、自律性较差，其他全是优点，大家都很喜欢她。

二女儿：自我、霸道、争强好胜、对人不热情、喜欢索取。跟爸爸感情亲密，体恤、随顺爸爸；跟我和外婆感情差，对抗、疏远。优点是学习能力很强、专注、理性。

对话中的发现和启发：

1. 前段婚姻中对前夫不满、报怨、绝望。

在潜意识中一直看到父母年轻时的样子，母亲出身书香世家，父亲没文化、憨厚老实、无勇气、无担当，母亲对父亲、对生活很绝望，把所有希望寄托在我身上。我的婚姻复制了父母的婚姻模式。

2. 小女儿讨厌外婆，关系是完全对抗的。

我母亲在我怀孕时力主流掉二女儿，并与前夫发生激烈争吵，说要我去流产，前夫坚决要留下女儿。所以现实中二女儿与爸爸关系非常好，对爸爸非常温顺、体恤，对我和我母亲则疏远不待见。尤其是对我母亲，几乎从不跟外婆说话。现在知道可能是胎儿时期我们对她的伤害造成了她今天如此对我们，终于理解她了。这两天在真诚地向二女儿道歉，她对我的态度已经逐步改善，希望能早日迎来她和外婆的全面和解。

第十讲

你认识你的孩子吗

重新认识生命之性格习惯的真相

每一个生命都有不同的体现状态。比如说有的孩子拖拉、胆小、怕黑、健忘、小气、顶嘴、黏人、难缠、宅家、不听话；有的孩子倔强；有的孩子脾气暴躁、像个话痨；有的孩子贪玩、不睡觉、捣蛋、多动、依赖、打架、叛逆、健忘等。这些状态是怎么形成的？是什么原因造成的？这些都是需要我们去了解和解决的。

孩子的性格习惯的形成，首先与胎儿时期父母的情志和生命状态有关。父母的情绪、父母的内在状态影响到我们后来跟人交往，影响到我们后来的生命状态，这里面包含的一些因素主要体现在：我们的情绪，承受压力的能力，我们与人交往的能力，等等，当然还有其他的因素。

中国古人是非常智慧的，留下了许多经典，《易经》就是其中之一。中国古人对生命进行了分析和定位，把整个生命关系完整地讲清楚了，提供了一个很好的模型。

"新异心理"的性格分析系统是根据《易经》，结合我们对心理学的研究，根据每一个生命的具体情况，对性格状态和特征进行分析和描述。这个分析系统把人的性格分成了十种类型，这十种类型又涉及生命状态的强弱。

第一种是大树型，是做栋梁的，是直的，不能弯曲，大树在成长的时候，上面如果压着东西它就会长歪。所以大树型的孩子不能压，他喜欢有阳光来进行"光合作用"，我们要用好的东西来影响和照耀孩子，孩子就一定会喜欢。而且他喜欢有独立成长的空间，自我要求高，很倔强，喜欢显摆、显示自己。就像大树的根扎得很牢，大树型人能吃苦耐劳。

第二种是花草型，比较随和、谦让，大树长得很高，花草藤蔓是来辅助大树的，或者缠绕着大树，借力向上攀爬。花草型人的特性表现出来就是谦卑、谦让，其性格在这方面体现得尤为明显。它的生命力相对比较强，因为它虽然柔软但很有韧性，懂得借势借力让自己生长。花草要跟大树争也争不来，大树长得老高老高，花草只有那么点高，但是台风一来，刮倒的都是大树。大树的性格是刚直不阿、宁折勿弯，但是花草随着风向改变自己的方向，减少自己受伤害的概率。

第三种是太阳型，太阳之火，温暖、热情，就像夏天里的太阳，热情开朗，这种人很爱说话，但太热情的话也许别人会受不了；如果是冬天的太阳，就是暖洋洋的，让人觉得温暖，所以我们很喜欢冬天晒太阳。时令季节不同，造成的性格状态也是不同的。

第四种是蜡烛型，房间里面阳光进不来，蜡烛一过去就可以把黑暗的地方给照亮，蜡烛型的人可以照亮别人，很细心、很操心。蜡烛型的人所体现的特征就是能够很好地帮助别人、照亮别人。

第五种是大地型，种花草和种粮食的土地都可以翻来翻去，大地型人的性格就是厚重、踏实，承压能力强。

第六种是巧克力型，软软的，巧克力型人体现的特性是可以融合很多的物质，巧克力型的人很会体贴人，做事情也让人很暖心。土主诚信，大地型和巧克力型的人都很讲诚信。

第七种是大刀型，大义凛然、杀伐果断，不要跟大刀型的人去讲小情调，大情怀的事才能让他高兴，比如民族情怀。

第八种是小刀型，他可以缠绕、弯折，特别讲情调。金主逻辑，但是他们的逻辑梳理是不同的，处理问题的状态也不同。比如同样是画画，大刀型人画的是大写意，小刀型人是一笔一笔的美工，工笔画。

第九种是大海型，变化很快，奔腾不息，思维跳跃，洞察能力很强，随时可以看到事物的本质，但是缺点是思维太飘了。水没有形状，你把它装杯子里就是杯子的形状，装碗里它就是碗的形状，什么都没了它就躺在地上一摊。大海型人的特点体现在孩子的性格上就是没形没象，站着就是挨着靠着，坐着就是趴着躺着，或者把脚翘起来，东西摊得家里到处都是，大海型的孩子就是这样。如果你说这孩子怎么这么没有形状，老是歪七扭八地坐着，房间里到处都不收拾，这孩子多半就是大海型的。

第十种是池塘型，池塘是有堤岸、有方圆、有规矩的。池塘水一经污染就不干净了，所以池塘型人的安全边界感强，对环境的要求很高，要求整洁，看问题的角度也很细。

这十种类型的人表现出来的性格状态是完全不同的。

生命的不同状态在中国文化里面都有描述。大树型的人，肝胆之气足，敢于担当。花草型的人则喜欢谦让，但同时有一种韧性，喜欢用借力的方式达到自己的目的。木主肝胆，这个人的胆气很快就能立起来，而其他没有木的人就不容易立起来，遇到事情他害怕、撑不住。

太阳型和蜡烛型的人是比较讲礼、热情的。同时火代表心，心开窍于舌，表达能力会很好。如果一个火旺的人表达能力不行，一定是在家庭中已经受到父母因素、父母能量的影响，出了问题了。

大地型和巧克力型的人比较讲诚信，不会轻易承诺他人。大地型和巧克力型的人爱锻炼身体，他拍一下你，你会觉得拍得很重，因为他的肌肉很结实。他们也很爱干净，不喜欢东西杂乱，东西摊得到处都是的人。

大刀型和小刀型的人一般逻辑好、思维好。但是金太重了会压制心火，开口说话、表达的意愿就不足，表现得很冷静，虽然安静地坐着但是一直在观察，脑袋里一直在想。金多的人容易抽烟，缺火的人也容易抽烟。

大海型和池塘型的人思想很飘，创造力强。水多表现在人的状态里面就会稀释很多的东西，把土给冲散，所以水多的人不守信，不是缺乏诚信，而是他习惯了散漫或者迟到等。

原生家庭父母的性格特征对我们的养育方式影响也很大。如果爸爸是一个大树型的人，表现的状态就是在说话做事情方面果断、坚决，对孩子的要求也很高。

有一位女性，五十多岁了没有结婚，因为她这一辈子感受的都是妈妈对她的压抑，从来没感受到妈妈对她的爱。后来接触了"新异心理"的"易经应用心理学"分析系统之后，明白了自己是花草型，正好很符合她的性格。她是一个很谦让、很细致的人，花草很容易被人踩在脚下，有被踩、被压迫和自卑的感觉。

后来她得知她妈妈是个大树型人，她过去感觉妈妈压抑了她一辈子，明白后瞬间就哈哈大笑，"原来我的妈妈是爱我的，一辈子都爱着我，只是她说话的方式我接受不了。"原来强大树型的人说话坚决、果断，她要求你这样，觉得这点小事你有什么做不了的？

没有读懂之前，她感受到的都是妈妈对她的恨、对她的压迫，她过去很讨厌妈妈，没想到在瞬间就解开了。马上就回去跟妈妈敞开心扉了。她妈妈病了，她就到医院里陪伴、照顾妈妈，跟妈妈说："妈妈我爱你，我这一辈子理解错了。"妈妈说："傻孩子，妈妈当然是爱你的。"母女的心就连接起来了。

所以说父母双方的性格都会直接影响到孩子的成长。重男轻女的观念也会影响到孩子的成长，爷爷奶奶、爸爸妈妈重男轻女当然会影响到孩子。一方面，孩子在胎儿时期就可以感知父母的心理状态；另一方面，孩子生下来后，男孩子容易因为溺爱而产生"巨婴"的状态，女孩子会感受到更多的自卑和压力。

鼓励、赞美和否定、指责会让人呈现两种不同的生命状态。得到鼓励、赞美的，会呈现出旺盛的生命力；得到否定、指责的，就呈现了枯萎的状态。

孩子在成长过程中也会受到环境和重大事件的影响。比如重要亲人的离世，孩子的性格会因此受到影响。比如爸爸妈妈打架或爸爸妈妈对孩子的训斥都是伤害孩子的重要因素。

有个孩子口吃，父母从新疆远道而来咨询，我根据"新异心理"的性格分析系统，对他的生命状态进行了分析，我问："父母有没有狠狠地打孩子啊？"

他爸爸妈妈说没有打他，但是孩子马上说："有，前年的时候我被奶奶打了一巴掌。"口吃就是那之后发生的。

我用"新异心理"的"潜意识情景对话"技术把那一幕重现出来，孩子当时的痛苦及捂着嘴巴所产生的痛苦状态，父母全部都看到了。这个事件对后来孩子的性格、行为模式都造成重大影响。

当然，我们要分析的话，这样的案例就太多了，浮现在我脑海里的案例是一个接一个。后天养成的习惯，父母的行为引导就变得很重要。父母了不了解孩子？父母懂不懂孩子？父母不懂孩子，爱就会错位，接着亲子关系就会发生矛盾，因为父母完全不懂这个孩子到底是一个什么样的孩子，他需要什么，他喜欢什么。

有个妈妈跟我投诉，"哎呀，我的女儿简直脏得要命，房间里面一塌糊涂。"我说："不用想了，你这个孩子就是大海型性格。"通过"新异心理"的性格分析系统一分析，这个女孩果然是大海型，坐没坐相，站没站相，到处摊东西，所以妈妈要学会接纳，这不是强扭能够改变的。

有一个妈妈发现跟自己的女儿说什么她都不接受，讲什么都无法让她的脑袋开窍。后来找我咨询，我一看，哇，这个女儿是强大地型，赶快让孩子去运动，在运动中培养她的特长，不要让她再坐在那里学习，她只有在运动的过程中思维才会打开。

这个妈妈很相信我，果断培养孩子运动。这个孩子羽毛球打得非常好，最后成为区里面的少年组冠军，调动了她的整个身心状态，她的学习跟着也就上去了。可是前面你跟她只强调学习，那她的动力自然就差了一截儿。

有两个孩子之间出现很大的矛盾，父母不知道怎么办，也不知道为什么。后来通过"新异心理"的性格分析技术解读孩子的性格和心理状态，原来两个孩子是完全不同性格的人，呈现不同的状态，了解清楚了以后，稍做调整，孩子之间就融洽了。这样的事情在我们"新异心理"比比皆是。

我们一定要懂孩子，一定要认识孩子，孩子是生命状态强的还是弱的。只有读懂了孩子，我们才能真正做到无条件地接纳孩子。

"新异心理"的性格分析系统，可以帮助我们分析孩子的性格特点和心理状态，真正地做到因材施爱。对孩子的养育和学习，我们就能做到轻松驾驭，事半功倍。这就是中国古人讲的因材施教。因材施教不是掌握在老师手上，而是掌握在我们父母自己身上。

2020年4月1日前我已经给"新异心理"的VIP家长们系统地分析了他们孩子的状态，一点一点地分析他们孩子的性格特点，优势和特长，还有他们的弱势在哪里，怎么把弱势变成优势。家长们听了以后，觉得完全符合，也更有信心把孩子培养好了，这就是真正的因材施教。

"新异心理"的性格分析系统对生命的刻画非常准确，我们懂得了人的生命状态，我们就认识了我们的孩子，也认识了我们的妻子，认识了我们的丈夫，同样，我们也能认识我们的父母是一个什么状态。

我们根据性格分析系统，建立了很多的模型，包括艾森伯格综合征、抑郁症甚至更严重的精神疾病。我们根据不同的行为模式建立了许多模型，有学霸型的模型，运动型的模型，艺术型的模型，经商型的模型，等等。不同的模型预示着孩子生命过程中的不同状态。当你了解以后，你的心就会变得坦然。

小 结

与孩子交往，冲突和矛盾往往是因为父母对孩子的了解不够，就像盲人摸象。父母读懂孩子的真实性格状态非常重要，"新异心理"的性格分析系统可以全方位地帮助父母读懂孩子。我们的这套分析系统已经被广泛地应用，未来可能会成为中国的心理咨询师考证内容的一部分。

让爱回家的作业

写下孩子让你最困扰的性格习惯，看看从怀孕到养育，与你们夫妻之间有何关联？把它分享出来。

优秀妈妈作业选登

听了李新异老师的课，我的作业如下。

我家孩子最让我困扰的就是他黏我，太黏了！有以下几方面的原因：

1. 根据"新异心理"的性格技术分析，我的孩子是巧克力型人，所以自带黏人的特点，他在生活中也是很体贴的。

2. 怀孕期间，我跟先生是两地分居的，他只有周末回来一下下，平时我们联系也不多。孩子生下来到五岁，也是我带着，爸爸还是周末爸爸，所以孩子从胎儿期开始跟爸爸的连接就不多，出生后更是远远不够。

3．我因为过度关注孩子，跟先生比较疏远，加上焦虑、不肯放手，也没有创造孩子和爸爸相处的机会，所以在家里形成了两个"阵营"，好像爸爸是个外人。

4．夫妻关系不亲密，李老师说，小孩子的安全感来自父母的恩爱。可以说我家孩子从胎儿期就是毫无安全感的，我们夫妻之间很少有开心快乐时光，却有很多争吵对抗，"冷战"也是常态。在孩子幼儿期更是经常爆发"战争"，那时候我就是个深度焦虑症患者，经常想要离婚甚至自杀。这一切孩子都是知道的，他心里肯定是极度恐惧的，害怕失去妈妈，所以他要拼命黏住妈妈。

5．孩子黏妈妈，也是妈妈黏孩子的反应。我因为对先生、对婚姻绝望，所以把情感都倾注在孩子身上，跟他形成了情感上的共生关系，表面上是他黏着我，其实是我黏着他，因为他是我唯一能抓住的人，我唯一能控制的人。娃爸在家待不住，让我产生了对婚姻的深度焦虑，那么我会不自觉地想要抓住孩子，以此来控制娃爸。所以我潜意识里也是乐于见到孩子黏我的，因为这体现了我的不可或缺，也给娃爸造成"你别想摆脱我"的威胁。

6．黏妈妈，这也是孩子对父母不恩爱的一种挽留吧，我觉得他在用他的黏拉住随时可能分道扬镳的父母。

第十一讲

万般未必皆下品，不是唯有读书高

认识孩子学习状态的真相

我们都希望孩子学习好。孩子学习好了，我们就会给孩子奖励，同时，父母也非常高兴，觉得孩子学习好了，自己也轻松了，孩子的学习成绩是我们父母最关心的。

首先讲孩子学习的三种状态：第一种学霸型，第二种后进生类型，第三种偏科型。当然还有时好时坏、不上不下的混合型，但是我们主要讲前三种状态。那这三种状态有什么不同的体现呢？

首先，学霸型的特征表现为学习自信、轻松、高效，驾驭学习能力非常强，那这种特性是怎么来的呢？

换成其他心理学模型不一定能解释得通，但是从"易经应用心理学"分析系统来讲，可以非常清楚地解释通。一个生命，如果他主要的特性、特长就分布在学习方面，那这个人一定是学霸型，他一定能轻松驾驭学习，也就是说他整个生命状态是围绕着学习而运行的。

学霸型不是说我要怎样努力学习、怎样去培养，而是他有一定的生命状态。正因如此，孩子顺着学习的方向去成长，他的学习状态才会越来越好，而且学得很轻松。我们如果懂得这个结构，以此去培养孩子，其实是很简单的。所以"易经应用心理学"分析系告诉大家的是如何顺势而为，找到孩子的成长模型去因材施教。

　　"学霸"其实就是他的生命状态是与学习有关的，所以就像我们讲的一个人的特长一样。"学霸"就是他的特长在学习上面，即使他学习状态差的时候，他学习成绩仍然不会下去。他的学习最多从第一二名变成了四五名，从第三四名变成了第十名。所以说，"学霸"有一个学习型的生命状态。

　　那么后进生呢？学习吃力，效率很低，又是什么原因？

　　其实也很简单，就是他整体的生命状态在学习上分布不强，但他一定在其他方面表现出强的状态，他一定在某一个方面会很强，我们要找到他的特性、特点和优势，这就是中国古人讲的因材施教。

　　如果用其他心理学模型，用其他的方式去看，很难找到孩子的生命状态的强弱分布，但是用我们"新异心理"的"易经应用心理学"分析系统可以很轻易地找到。

　　学习型跟考试型还是有区别的。我们通常把考试成绩好坏当成是孩子学习的好坏，其实这是不对的。有的人学习很好，但是他的考试状态不好。考试不好会产生什么心理呢？

　　每个家长一定要认识到每个孩子都有自尊，每个孩子都希望得到别人的赞美、肯定，这是人的基本诉求。

　　当他考试不好的时候，实际上他的内心里面已经开始对自己进行了否定。接着老师又批评他一下，"我看你就没有用功，你这是怎么回事啊？"然后再讲给家长听，家长就更着急了，"哎呀，你看你这个孩子，学习不用心，一天到晚走神，一天到晚玩"，马上就开始指责等。

　　我们看到孩子的这些现象，其实只是他的表现。他的表现形式是这样，玩东西、好动、注意力不集中……实际上很可能就是他的主体状态的体现。正因为他在学习这方面感到很吃力，得不到尊重，得不到鼓励和赞美，于是就形成自我否定，接着自信心开始丧失，然后开始自卑。被否定得多了，就开始了恶性循环，这对一个人的成长来说都是非常有害、问题很大的。最后孩子就会干脆放弃自己，"唉，我是不行的，我就是读不好书，怎么努力我也是读不好书的"。

所以，我们要激活他的学习状态就会变得很难。但是比起孩子，心理援助的真正对象更应该是孩子的父母，因为父母在孩子学习不好、状态不好的时候，在孩子因为学习而紧张、焦虑、丧失自信心的时候，自己其实比孩子更紧张，所以没有包容孩子，没有鼓励、赞美和支持孩子。

孩子的学习状态跟这个孩子将来是不是一个人才，其实完全是两个概念，是两码事情。为什么？因为有可能这个孩子是一个运动型的人，有可能这个孩子将来是一个经商的人，有可能这个孩子就是一个玩家、美食家、艺术家、演员等，可能这个孩子成才就是很晚。

所以，不是每一个人走体制内的课程学习都能走得通顺，即使成绩很好，他的未来是不是一定按照学院派的方向去发展，成为一个科学家或者专业的研究人员？都是不一定的。

你看今天这么多大学生，有几个出来是按自己的专业去发展的？现在很多大学生学习的专业，其实不是他们心里真正感兴趣的，于是他们就没有把兴趣爱好和自己想要做的事情往更专业的方向去发展。

大家一定很熟悉我们的至圣先师——"文圣"孔子，他删述六经，开创了儒家学派，对后世的影响自然不必多言。而他乐学好问的精神更是值得每一个人去效仿，因家境贫寒，他当时在极其有限的条件下不断求学，论语里就有"入太庙，每事问""三人行，必有我师焉"的描述。后来得到更好的机会时，他就去向大师求学——向师襄、苌弘学习音乐，向老子学礼。孔子不仅努力，也具有过人的天赋，他自学了很多知识与技能，文武双全，礼、乐、射、御、书、数六艺都是当时的标杆人物。这就是学霸型的人。

另外一些人就不是这样。比如丁俊晖，如果让他去学习、参加学校考试，他不一定成得了一个人才。但是他的父母及早把他往台球这个方向去培养，结果反而成了一个大才。还有钢琴家郎朗，是不是也一样成才了？而且是大才！

那么经商呢？有位商业奇才就是典型的"差学生"，他经历了三次高考，第一次数学只考了十分。但是他英语很好，学习了很多国外的商业经验。后来他放弃英语老师的稳定工作去经商，逐步成为商业巨擘。

所以我们衡量一个孩子的未来，不能以学习成绩好坏、学习状态好坏为标准。孩子不存在"输在起跑线"的问题，这本身就是一句以引起焦虑为目的的话。

人生是一场长跑，什么时候、什么阶段不能起跑？

明朝的王阳明，"心学"的创立者之一，六岁才开口说话。对于我们现在的家长来说，这孩子是不是自闭症啊？我们马上就会这样说："唉！这孩子肯定有什么问题，赶快带到医院检查一下。"那医生也可能会说是"自闭症"，六岁了，正常的话语表达都不会。

可是你看他，一旦开口说话之后，他就变成了一个极其优秀的人才。

比如我们的数学家华罗庚也是没有大学文凭的，也是没有去走正常轨迹，他爱好数学，自学数学后成为清华大学的教授。这样的人在民国时期是很多的，这些人的作为到今天还在影响着我们，他们是国家不可或缺的人才。

第三种就是偏科特性的人。也就是说有些科目怎么讲他也不开窍。很多人都很努力，但某些科目成绩总也提高不上来，你说他不聪明吗？不一定。

数学考十分的那位商业奇才，那你跟他讲数学他开窍吗？他爸爸妈妈也是老师，就没有想办法吗？肯定想了办法，但是他有偏科的特性。

我自己也是偏科很严重，在数理化方面，我的状态明显就不太好，但因为我母亲是校长，也曾拜托优秀的老师和同学帮我补课。我妈妈成天跟我讲，"你要向数学好的同学学习，你要……"结果在考试时做题就是做不出来。

我的姨父是优秀的数学老师，到了寒暑假就帮助我辅导，我越听越懵，怎么讲也不开窍。为什么？我就属于这一部分偏科型的人，数理化是我的弱项。

那我有什么呢？第一，我特别爱玩。第二，我的文科非常好，特别是我的作文非常好。我小学的第一篇作文就是范文，一直到我高中毕业，无论在哪个学校读书，我的每篇作文都是范文。

我学历史、地理、政治这一类的东西，学得很轻松、愉快。但是你要我学数理化的东西，我就学得很艰难。

也有的人理科学得很好，偏偏文科学不好，英语学不好，所以有很多东西不是努力不努力的问题。

我夫人是英语老师，最近有一位家长把我夫人请到他家去，帮助辅导他的大儿子，因为他大儿子在学习成长过程中其他的学科都可以，就是英语上不来。

为什么会产生这种偏科呢？有的人学不好英语，学不好语文，其实都与他的生命状态有关系。有人觉得，孩子的学习状态与智商是不是相等的？学习状态不好，是不是智商很低？不能这么说，这完全不能画等号。智商很高不一定学习状态就很好，有的人不一定要坐在这里学习，听一听就能学会。

举个例子：偏科英语的这些人，他们的学习状态不是说坐在这里认认真真听，然后再"ABC""How are you？"，他不是这样的。他就是耳朵在听的过程中，就已经明白了，他吸收能力超级强，这一类的孩子有的可以同时学几门外语。

我曾指导过一个孩子，看到他有这种语言的天赋、特长，我就建议他家长让他学语言。他从小就学了五门外语，五岁到六岁期间就掌握了三门外语，然后六岁到八岁期间又掌握了另外两门外语，明显体现出语言学习的优势。

学习状态不好不等于学习能力差。

举个例子说：我在对有些家长的孩子进行性格状态解读的时候，发现有的孩子在学校的学习状态明显不好，在学校的考试中，表现非常吃力。他跟老师的交往，跟同学的交往，包括自己的信心都受到影响，虽然这种孩子天生好学、好阅读，但是一到考试就不行。

我曾经遇到过一个"学霸"，父亲是某个地方的首富。孩子学习传统文化，学习国学，学得非常好。他的学习量远远超过别人，但是他从来没有考过第一名，没有表现出最好的状态。虽然其他同学学习量不如他，但是其他人能够考得很好，他们可以完整地背诵完经典，这些同学都升级之后，这个孩子就很自卑。

然后爸爸妈妈带着孩子拉着行李，经别人介绍到我这里来。我问："你们拿这么多行李来干什么？"

孩子父亲说："李老师，我们准备住在您这了，我们夫妻陪着孩子一起来给您做学生，一起来学习。"

我说："先别急，我先分析孩子的生命状态。"

我运用"新异心理"的"易经应用心理学"分析系统对孩子的生命状态进行了详细分析，我就对孩子说："你学习能力非常强，非常好，但是考试状态不好，所以总是得不了第一名。但是你的基础早就超越了其他同学了，只是你的考试状态不佳。"

我讲完后，问这孩子是不是这样，这孩子拼命点头说是这样。他的知识量远远超过其他同学，但是每次考试都考不好，眼看着别人升级上去，他升不上去，所以心里非常压抑，形成严重的自我否定。

我一讲完，孩子就跟爸爸妈妈说："爸爸妈妈我明白了，我不是不如别人，只是我的考试状态不好，我不要去追求那个第一名就可以了，我的知识量可能比他们好很多很多。"你看这孩子自信心马上就出来了。

然后我就跟孩子爸妈说："那你们现在还要留下来吗？"

孩子说："不用留了，我们马上回家。"

为什么会这样？就是因为我们解读清楚了孩子的学习状态，把它说明白了，而且非常吻合孩子的状态，孩子的自信心瞬间就出来了。结果他们一家高高兴兴回家了，我们看了也都很高兴！

孩子很优秀，但是他表现出来的考试状态可能不好，不是说他的学习能力差，也不等于孩子不努力，是他怎么努力也没办法考出最好的水平。

就讲我自己，你说我过去学数学没有努力吗？不是，而是很认真、很努力，但是成绩就是上不去，那自然就感觉自己不是这块料，自我否定是肯定的。

我妈妈也曾请了很多优秀的老师来帮我开小灶，可是我怎么学也没办法提高数学成绩，左耳朵进右耳朵出，你说我没有努力吗？肯定不是。这种类似情况相信很多过来人都曾经遇到和体验过。

所以说孩子的学习状态的本质是心理问题。我的数学学不好，那么物理我也学不好，化学我也学不好。学得不好是一个什么状态？反正就是在六十分上下反复波动，好一点八十多分，差一点就到了四五十分，就这么一个状态。你说没努力吧，天天在努力了。但是我的写作能力、阅读能力超级强。

为了上大学我参加了四次高考，因为父亲说"学好数理化，走遍天下都不怕"，所以我读的是理科。好不容易考到湖南师范大学物理系了，结果我每天跑到图书馆去，在图书馆里学心理学、哲学、社会学等与人文科学有关系的书。为什么呢？因为我对这些特别感兴趣。

然后我把一本叫《相对论》的哲学书（不是爱因斯坦的那个相对论，它是一个哲学理论的相对论），拿给我们物理系的同学看。我说，谁能看十页，跟我聊里面的内容，我奖励他一百块钱。

最后的结果是什么呢？我的那些物理学得很好的同学没有一个人能看完一页纸。为什么呢？因为哲学的逻辑跟数理逻辑是完全不同的，它带有很强的抽象逻辑的思维。我偏偏就具有这种能力，我看这些书看得津津有味，一点阻力都没有，而我物理系的同学却看不懂。

后来，我跟哲学系的博士生住在一起，我跟他们很谈得来。而我在物理系的学习考试，那就是不挂科万岁了，因为我知道我不是那块料。这就是生命的不同状态。

所以我们不要去否定孩子，要去了解和认识孩子。

孩子的学习状态与母亲怀孕期间的状态有没有关系呢？那肯定有很大关系。

举例说明：母亲在怀孕时跟孩子父亲吵架，就可能不关注孩子，怀孩子的过程中，母亲其实很辛苦，而丈夫又不关心妻子，也不一定关心妻子腹中的孩子。妻子很可能受到压抑，那么将来这个孩子出生后很可能出现各种各样的问题。而父母却要伴随孩子一生，苦果也要"享受"一生。

上一节课讲到，孩子在胎儿时期就可以感知情绪。如果父母关系经常很紧张，那么孩子在成长过程中，也更容易出现走神、不专注、厌学等。

父母争吵，孩子会受到很大的惊吓，产生压抑和恐惧，那肯定会导致孩子以后的学习状态出现问题。孩子学习状态的好与坏，我们只能从"新异心理"的"易经应用心理学"分析系统和家庭正负能量传递中去找原因，用其他的方法去找就非常难。

因为没有其他的模型会给你一个对生命底层的认识，而"新异心理"在这一块有三大心理咨询体系，帮助你去认识孩子。"家庭正负能量分析"技术、"易经应用心理学"分析系统、"潜意识情景对话"技术，通过这三大心理学分析技术，我们会看到这一切形成的原因，因在哪里，果所体现的状态是什么，一目了然。

无论孩子是一个什么状态，我们首先要保证的就是孩子的自信心。自信心的恢复是孩子驾驭学习的前提。那么怎样才能让孩子有自信心呢？就是你不要老是去批评、否定孩子，天生我材必有用，他一定是有他的特长所在，一定是有他好的地方，我们要找到那个好的地方。

我当年在"新异心理"康复改变"问题孩子"、学习不好的孩子时，首先试着完全理解、接纳、鼓励他，不在考试成绩上给他压力，接着就培养他的自学能力，培养他的兴趣，用传统美德熏陶他，教他怎样做人、怎样跟人交往。孩子还小，我们需要童蒙养正。我们在一定程度上接纳了孩子，孩子就觉得很好啊，没有压力，他的自信心就开始绽放。同时我们所有人都要看到孩子的优点，一定要看到孩子的优点，孩子才可能绽放出来。

一个优秀的老师之所以优秀，就是他能发现孩子的优点，绝对不是只看到孩子的缺点。那么在培养孩子的过程中因材施教，稍微一使力，这个孩子呼啦一下就上去了。

很多倒数第一、倒数第二的孩子，经过我们的调整改变，回到学校成为第一名，回到学校成为班长，这种案例比比皆是。

为什么？就是他的自信心上来了，在这个过程中改变过来了，恢复了。他有了自信心，就有了创造力，就有了主动性，他就知道怎样去改变自己，知道怎样去调整自己，这个是非常重要的。

父母如何保护好孩子的自信心？

第一，我们要精确地分析孩子。要了解孩子的生命状态，了解孩子的学习状态，他到底是个什么样的状态，他擅长的东西在哪里。

第二，扬长避短！为什么要避短呢？因为你老抓住他的短，他就越来越自卑；你扬他的长，他就越来越有自信。

为什么呢？因为谁都想当第一。我这方面不如你，但我那方面第一，所以我们就是用长处带动短处。同时多给孩子鼓励和赞美，这个很重要。父母鼓励和赞美孩子，这个过程中孩子就能获得自信。尤其在孩子处于低潮期、给孩子以理解和接纳，这个是很关键的。

往往爸爸妈妈就是不理解，因为不懂孩子的生命状态，一味地指责孩子"你怎么不努力，你看你前面的人多努力啊"，搞得孩子很被动。

孩子前面学习好，后面学习不好；或者是小学三年级前比较好，到了后面马上就下降了，他到了高中一年级、二年级或者到了高中三年级又一下子冲上去了；或者是初中、高中阶段学习不好，但是高考那一年，他却考上去了。我们当年的同学里面就有这样的人。其他分析模型一般都解读不了这种现象的成因，而我们"新异心理"的"易经应用心理学"分析系统却可以清楚地分析解读出来。

孩子学习状态不好时，你就要理解和接纳，不要轻易否定他。你否定了孩子，孩子没有自信心，这些孩子后来对工作也没有自信心，没有进取心，是因为他从小就被父母压抑了。

我们做父母的要多向孩子表达爱，要说出来，多说"爸爸妈妈爱你"，发现一点优点都加以赞美和鼓励。

有个案例：一个女孩子，原来是一个"学霸"，到了高中二年级突然直线下跌变成了倒数第一。家长焦急地找到我，"李老师这怎么办，孩子原来是第一名，现在变成倒数第一名。"

我说："这个事情很简单啊，你的孩子如果之前一直是第一名，现在倒数第一，一定是你过去给予她太高的要求了，指标太高了，不争第一就不是好孩子，她压力太大，害怕达不到你的要求，成绩就掉下来了。"

我接着问这个妈妈："她考第一名是不是你的孩子？"

她说："是啊！"

我问："你爱不爱她？"

她说："当然爱啊！"

我又问："她考倒数第一名是不是你的孩子啊？"

"当然是我的孩子啊！"

我说："那就行了，你回去把这个话告诉你的女儿，你真诚地表达出来，'孩子，你考第一名，你是妈妈的孩子，妈妈爱你；你考倒数第一名也是妈妈的孩子，妈妈永远爱你'。"

这个妈妈听了后说："行，我回去就做。"

她回到家，孩子一放学回来，她就跟孩子说："孩子啊，你考第一名，妈妈爱你；你考最后一名，妈妈也爱你，你永远是妈妈的好孩子。"

孩子听后抱着妈妈号啕大哭，然后跟妈妈讲心里话："妈妈，你一直要求我考第一名，我也做到了。我就是害怕我做不到，然后你们不要我了，你们说我不行，我就害怕。"你看孩子就把心里的压力释放出来了。

其实很多孩子都是被父母逼着做第一名，身心受到极大的伤害。

咨询完了之后，到了高二的下学期，孩子的学习又上去了，又拿到了第一名。

这就是做父母的要明白的道理，孩子的自信心是第一位的，没有自信，孩子如何去学习？

因此，父母持续的学习成长、教育认知同步，是创造和谐家庭的一个重要的因素。你不成长，你总是焦虑，总是吆五喝六的，孩子怎么成长？

再一个就是父母恩爱是孩子自信的重要源泉和保证。父母都不恩爱，那孩子肯定就很焦虑，焦虑成堆，就出问题。

小 结

孩子的学习状态首先取决于自身的生命状态和特征，同时，学习状态不等于智商高低，不等于孩子的学习能力的高低差别，这不能画等号。

另外，父母的关系和家庭氛围也很重要、很关键，这就是家风的重要性。家风好，孩子的身心状态就好，孩子在家里面感受到温暖，释放压力，可以安心，将来孩子进入社会，他就能取得比较好的成果。

不了解孩子学习状态真相的父母难以精准有效地帮助孩子学习。你对孩子的生命状态、学习状态都不了解，怎么去帮助孩子？你只会唠叨指责，"你看人家别的孩子……，你为什么不向他学习"，等等。

中国古人讲的"因材施教"是在完整清楚地了解了孩子之后提出的对策。当我们父母关系处于不好的状态时，会破坏孩子的自信心，也就达不到因材施教的目的。

让爱回家的作业

写出孩子现在的学习状态，把怀孕期间夫妻的状态做一个对比和反思，看有什么类似的因素，你们可以做出什么样的改变来帮助孩子提升。当然，学习"易经应用心理学"肯定是必不可少的，你只要将它掌握在自己手上，就可以做到不焦虑。

优秀妈妈作业选登

听了李新异老师的课，我的作业如下。

孩子的结构是学霸型，但是现在却成了班级后几名。在怀孕期间，我都是自己照顾自己，大着肚子挤着地铁去检查。老公一有机会就去钓鱼，曾经有几次三更半夜不回家，打电话给他也没有接，还有关机的时候，我就很担心、焦虑，怕出事。那时肚子发紧，把焦虑传递给了孩子。

老公在家只玩游戏，我看电视剧，两个人没有沟通。我都怀疑老公是不是不爱我，自我否认和不自信也可能传递给了肚子里的孩子。等孩子生出来，因为自己焦虑，从小早教，给孩子报学习班，星期一到星期五每天都有学习班，有时还一天两个。数学好，不用补，语文、英语全部补。自己很焦虑，一直没有好好鼓励孩子，使孩子不自信，孩子觉得自己是个差学生。

进入"新异心理"让我看到希望，上次参加亲子活动，通过玩游戏，我想起我生孩子的初心，无论他怎样，我都爱他。当晚和儿子聊天，儿子神奇地说："妈妈，爸爸，以前你们全心全意爱我，后来你们两个都不爱我了，现在你们又全心全意爱我了。"我发现我们亲子之间心里其实是相通的。

我可以做如下改变：通过学习和潜意识对话，成长自己，心定，一切就会安好；和老公甜蜜相处，让老公把父亲的位置摆正，营造学习氛围；现在我发现老公和孩子满满的优点，及时点赞和鼓励，表达爱；把孩子学习的内容变成游戏，让他玩起来，让他自信起来，让他相信自己是"学霸"。

第十二讲

种瓜想得豆，种豆想得瓜

为什么父母知道却做不到

"为什么父母知道却做不到"，这是一个大概率事件，普遍存在。

"新异心理"的"潜意识情景对话"已呈现出无数的这种状态，因为我讲的"家庭正负能量课""易经应用心理学"和"潜意识情景对话"技术，全都是讲深层潜意识是怎么形成的，怎么影响人、推动人、控制人的。

当我们修改了一个人的潜意识时，他的命运自然会发生变化。所以我们经常讲"当潜意识被看到，命运就在改变"，跟荣格讲的"当潜意识被呈现，你的命运就已被改变"是一样的。你看到潜意识是怎么形成的，你就知道这个"因"，它就不再成为潜意识，就开始化解。但是，当我们不明白潜意识是怎么形成的时候，看不到背后形成的原因的时候，潜意识就指引着你的命运，这就是你人生的体现。

我前面讲过，潜意识会像种子一样，受到某种情绪刺激甚至暗示，就会共振，随后爆发。所谓"共振"就是中国古人讲的"一朝被蛇咬，十年怕井绳"，或者"杯弓蛇影"，这都是共振原理的体现。所以人呈现这种状态，其实就是底层潜意识有一个恐惧的因素在影响着我们。

我们的潜意识模型借用弗洛伊德的冰山图来讲解，冰山图是弗洛伊德对人类的贡献。冰山的上面是意识区，也就是思想，大脑能意识到的部分，这一部分只占生命整体的10%。而生命中未知的占了90%，这个是我们意识不到、看不见的，冰山之下的，我们称之为潜意识区，或者无意识区。

从最下面一层开始，就是家族正负能量的传递。我们诞生到这个家庭来，这个家庭其实是有家族传承的。爸爸、妈妈在这个家族里，他们会受到爷爷、奶奶的影响，也会受到外公、外婆的影响。这其实就是家风，是祖辈的言行、德行。

再到父母这一层，父母自己是如何构建家庭的？做丈夫的是否懂得爱护妻子、尊重妻子？做妻子的是否懂得尊重、爱护丈夫？如果这些力量都没有，很显然你们受到家庭负能量的影响，其实也就是受自己的父母的负能量的影响。

这就是讲父母影响我们，父母的内心世界、生命状态、情志状态等都传承给了我们。

你的思想境界、心地是否中正，你是否懂得爱，一个人爱与被爱的能量能不能出来，其实都受长辈的影响。当然这种影响并不是完全的覆盖，因为每个人都有主观能动性，都有自己独立的思想，只要我们转变心态就可以改变这一切。

再往上一层就是胎儿时期，父母对孩子、对生命的影响都是从源头开始的。爸爸妈妈在生养我们的过程中是开心的吗？相互交流吗？妈妈的生命状态是好的吗？得到爷爷奶奶的认可和承认吗？我们经常讲，不被长辈认可的婚姻是失败的婚姻。也就是讲，如果爸爸妈妈婚姻状态得不到爷爷奶奶的认可，孩子在胎儿时期就会受到严重的影响。因为母亲心情不会好，父亲的心情也不会好。那也说明父母不懂得爱，爷爷奶奶不懂爱，从而造成了后代的问题。所以胎儿时期生命状态的奠定，对每一个生命出生之后极其关键。

孩子出生在不同的家庭，每一个家庭的正负能量不一样，父母状态不一样，成长的土壤也就不一样，生命就会受到不同的影响。

出生后，成长过程中要跟父母互动，父母是不是爱我们、赞美我们。我们也跟环境互动，互动的过程中会形成新的矛盾、新的问题。

父母有没有尊重我们的人格，有没有把我们真正当一个人来看？特别是读书后，伴随着成长，烦恼越来越多，就是所谓的人已经长大了。进入到青春期，性成熟，然后走向成人，开始建立一个完整的人格的时候，我们发现这时已经有了无数烦恼，包括和父母之间的冲突，所谓叛逆，等等。

这一切其实都是人与人之间相互交往所存在的问题，也就是讲父母跟人交往的能力，父母之间的关系，父母跟爷爷奶奶的关系，以及父母跟孩子的关系。

所以说，生命成长的过程中涵盖了心理学研究的所有范畴。相应地，我们从全局来看就很清楚，家风的奠定极其重要。

为什么中国古人有家训？为什么大家族都有家风的传承？能流芳百世的是什么？不是钱财，一定是精神。所以构建一个好的精神，才是真正让后代享福、让子孙兴旺昌盛的重要保证。

钱财富不过三代就会衰落，为什么？因为你没有把德行、品行传递给孩子。德行、品行的要求是极高的，不是你到庙里烧香拜佛，然后说些如何如何的话，这都是功利主义，都是求，是没有德行的。真正的德行是你以公心、无我的心面对世界，面对别人。

我们有一系列潜意识、深层潜意识等，很多时候表面上我们好像很明白，但做不到，就是因为底层有因素在推动、影响着我们。

"新异心理"的心理咨询体系包含三大核心技术。

第一是"家庭正负能量分析"技术，我已经讲了十五年以上，成功挽救了无数家庭和孩子。有的夫妻关系走到离婚的边缘，来跟我谈一次话，谈完就悬崖勒马，不离婚了，为什么？就是通过"家庭正负能量分析"技术，找到了夫妻相处不融洽、家庭一地鸡毛的原因所在。

第二是"易经应用心理学"技术，我在2007年开始办国学经典学堂，每个孩子都有我写的分析档案。孩子应该怎样教育、怎样成长，应该怎样跟孩子互动对话，孩子所呈现的生命状态如何，他跟人交往的能力如何，全写得清清楚楚。

这份生命的"说明书"家长要知道，老师要知道。若违背了孩子的生命状态，孩子的教育就可能会出现问题。

今天我们开展心理咨询工作，这个"易经应用心理学"分析技术就是一个准确的导航系统、定位系统。

也就是说，可以用这个技术去分析你的孩子容不容易产生心理疾病。你说孩子现在厌学、自闭等，我们要根据"易经应用心理学"去看他是不是因为没有被因材施教的教育才会形成这样的问题。

这个生命如果本来是绽放的生命，结果变成了自闭，那是什么原因？可能是缘于父母，就是父母的交往、父母的状态出了重大问题。循着这些轨迹一讲，大多数都是符合事实的。

我咨询了这么多个案例，很少有人会说"李老师你说的这个跟我完全不一样，我们不是这样的"。

相反，我在咨询的过程中，听到的经常是"对对对，就是这样，我们夫妻就是这样，孩子就是这样"。

第三就是"潜意识情景对话"技术。是在高度清醒的状态下深入到深层潜意识里，完成心理创伤的修复。

举例说，你早期受到的伤害，来自父母或者其他人。用普通心理学方法，用说教的方法都没办法改变你，因为无法触动你问题的根源。那我们就进入到你深层潜意识里面去改变，就像纳米机器人进入人体进行医治一样。

这三大心理学咨询技术是三位一体的，是直指核心、相辅相成的。所以我们今天已经完全有系统理论来指导每个人认识自己，认识家庭，认识我们成长的规律，认识性格是怎么形成的、情绪来自哪里又去了哪里，认识我们遭受的伤害又去了哪个地方，潜意识是怎么操纵我们、影响我们的，清清楚楚、明明白白，这就是今天心理学前沿技术研究所呈现和取得的成效。

不再像过去那样，发生了什么事情，我们都不知道，深层潜意识里形成的东西我们也不知道。为什么"新异心理"的心理咨询体系非常优秀、优质，因为三大咨询体系全部是针对人的深层潜意识的。

再简单举个案例：有一位优秀的妈妈，一个人带了四个孩子。我们今天一个人带一个孩子都已经受不了了，带两个孩子就已经到了极限，她一个人带四个。给四个孩子都设计好了学习内容，在表格里列出每个孩子今天分别干什么，各个时间点分别接送哪个孩子到哪里，时间排得满满的。

我说这个妈妈真是太厉害、太强大了。孩子培养得真的优秀，但是妈妈心里累，累到崩溃了。最后来进行"潜意识情景对话"，看到这一切问题在自己那里。是自己想要把所有事做得最好，想要变得最优秀，相应地就想让孩子也变得最优秀，但实际上孩子并不愿意这样生活。

所以看明白这一切之后，相应地就解除了这一切，不再用烦琐的方式管教孩子，孩子也就解脱了，家庭就充满了欢声笑语。在"新异心理"，这样的事情还有很多。

还有个妈妈，把孩子送到封闭式的国学学堂学习，认为孩子学习很好。孩子小时候学习很乖，但小学毕业时，国学越学越差，最后放弃了国学学堂的学习。

妈妈就把她送到体制学校去学习，在这个过程中，孩子跟妈妈发生很多冲突，其原因妈妈也讲不清楚。后来妈妈找我们进行咨询，清楚地看到孩子本来学习很好，正常来讲应该在体制内系统地走，送入国学学堂学习也没问题。

但是在某个年龄段遇到国学学堂的老师过于强硬，要求孩子过于严格，属于拔苗助长型，对孩子造成严重伤害，已经伤及孩子的心理。

这样的案例我碰到很多，因为我是做国学教育出来的。当年全国各地想要送孩子到我这里来读国学经典的人有很多。我拒绝了这些孩子，为什么呢？我就是让他们就近找一个国学机构，每天能够接送孩子回家，这才是我所倡导的国学教育，因为孩子还小的时候，不能离开父母的爱与呵护。

这次"新异心理"的VIP家长们咨询孩子问题时，我们用了"易经应用心理学"方法，看到一个个孩子呈现的问题，以及他们的优势、劣势，我讲起来历历在目，如数家珍，看得甚至比他们父母都清楚。因为他们父母看到的都是孩子的问题，到底哪个是优点、哪个是缺点，看不清楚。

但是我一讲出来，哪个是孩子的优点，哪个是缺点，优势、劣势在哪儿，清清楚楚、明明白白。相应地，父母再去引导孩子，是不是变得很简单、很轻松？

举个例子：有个孩子特别爱玩，父母很担心。特别爱玩的孩子，爸爸妈妈就会很着急，现在正好遇到疫情上网课，孩子学习不怎么认真。

我分析这孩子是运动型，而且我认为这个孩子不单能够运动，还是个很大胆的孩子，要加强他的运动，朝这个方向走，未来他很有可能在运动方面取得成就，成为一个专业运动员。

妈妈说这个孩子喜欢足球。我说这个孩子胆大，当守门员最好。妈妈说，孩子踢足球时就是喜欢当守门员。

大家想想看，守门员是不是需要胆大？球踢过来的时候速度是很快的，他还要把球拦住，甚至有时候还要往进攻球员脚下面扑球，没有胆量不行吧。

妈妈说，很多足球学校和青年队都想让孩子去当守门员。你看，都已经具备这种条件了，是不是？所以我说，那赶快找专业队进行训练，朝这个方向走，这就是他的特点、特长，要因材施教。

还有另一个孩子出现了问题，明明是个优秀孩子，但是在学习能力上没有呈现出来。我就对他进行了系统的分析，找原因出现在哪里。

原来爸爸妈妈结婚后，在是否要这个孩子的问题上，心态出了问题，孩子就总是与父母对抗、对立。

从孩子的语言天赋来看，他是可以学两门以上外语的，可是妈妈跟孩子一说"你要学好英语"，孩子反过来说"我为什么要学英语？我是中国人"，表面上看这句话是毫无问题的，但孩子根本学不好英语，妈妈一说他就反着来，就呈现这样的状态。然后妈妈还说这个孩子在三岁时曾发生两次丢失。为什么别人带孩子没有发生丢失，妈妈带就发生了丢失？

我就像福尔摩斯破案一样，一层层讲底层潜意识，把它呈现出来。妈妈就流泪了，哭着说："是我自己没做好，是我当年排斥孩子，所以孩子跟我之间就冲突、逆反。"

这个逆反不是后来才呈现出来的，而是从小就已经种下跟妈妈对抗的种子。"新异心理"的这些技术就是帮助人认识生命的。

小　结

人的行为只是表意识的体现，真正操纵人的烦恼和状态的是潜意识，是冰山下面的因素，每个人都不例外。道理都懂，但是知道却做不到，是因为大脑知道，但没有看到潜意识，也就无法改变潜意识。当你看到潜意识了，就如同刚才的案例，那位母亲为什么会流泪？因为看到是自己做错了，才会用真诚的心跟孩子道歉。

当你跟孩子道歉说："对不起，我做错了"，如果是敷衍的，真诚心不会出来。通过专业的学习、引导，认识并改变潜意识，才是知行合一、持续有效的途径。"新异心理"的课程都是直指潜意识的，只要你来这里学习，呈现的一定都是这种状态，每个人都会很开心。因为家庭改变了，你自己也改变了，我们看到的都是生命的成长，而且是快乐地成长。

让爱回家的作业

写出一家三代的优点、缺点，并进行对比，记录自己克服不了的缺点是什么？反思原因。

优秀妈妈作业选登

听了李新异老师的课，我的作业如下。

姥爷是吃苦耐劳的典范，肯干、爱家、爱孩子，虽然是农民，但是眼界开阔，送孩子去上学，舍得在教育上投资（虽然那个年代没什么钱），但脾气不好。

姥姥是个大大咧咧的人，看上去不管孩子、有时冷漠，但是勤劳持家，家里也是当时的富裕户。

　　妈妈十二岁离家到城里上学，十五岁参加工作，独立、孝顺，时常带钱回家接济家里开销。重视文化，一心想嫁一个大学生，直到三十三岁才嫁给爸爸。

　　爸爸外语学院毕业，爱读书、老实厚道、淡泊名利、十分孝顺，在困难时期还赡养爷爷奶奶，资助了大姑父去世后留下的四个孩子。但是脾气也不好。

　　妈妈和爸爸时常吵架，爸爸经常不在家，妈妈一个人硬撑着带大三个孩子，刚毅、坚韧、不依不靠，活成了男人的样子。妈妈对爸爸不够尊重，甚至看不上，很少交流沟通。

　　老公生活在贫穷的农村，节俭、勤劳、任劳任怨、执着、敢冲敢闯，不达目的绝不罢休。他爱学习，自学能力超强，抗压能力强，努力改变命运。

　　我活得很像妈妈，独立，不懂柔情，也不懂尊重丈夫，少言、不善沟通、冷漠，和老公的婚姻生活越过越像自己的父母，差点离婚。感谢"新异心理"拯救了我们一家。

　　自己的缺点是不懂怎么做女人、不会撒娇、过于刚强、不善沟通，这些和妈妈很像，需要自己看见这个潜意识，努力改变自己。

第十三讲

现在的男孩怎么了

教男孩的五个"硬道理"

我们今天的男孩怎么了呢?

第一,有些人沉迷游戏,冷漠,对事情缺乏兴趣,没有目标,没有方向;

第二,有些人推卸责任,没有担当,不能照顾自己;

第三,有些人缺乏阳刚之气,胆小怕事,软弱无能,好逸恶劳;

第四,有些人暴力,无法沟通,交往困难,自暴自弃;

第五,有些人过度自慰,进而驼背,精神萎靡,无心学习,游戏人生;

第六,有些人早恋,情感纠葛不断,自残或是荒废学业,等等。

这些是对某些孩子的某些现象和状态的概括,我们的孩子也可能会有其中的状态。每一个孩子的状态,我们都可以很系统地描述形成的原因。

《周易》的乾卦讲"天行健,君子当自强不息"[1],乾卦就是讲阳刚之气,体现的就是朝气蓬勃、不断进取的状态。乾卦又对应马,我们说的"龙马精神"就与此有关。

我们应该怎样去培养男孩子呢?养育男孩的五大原则如下。

第一,性别必须是清晰的。也就是讲我们不能把男孩子当女孩子养,切记穿衣打扮女性化。

---

① 杨天才,张善文.周易[M].北京:中华书局,2011.

给男孩子穿裙子、扎辫子，或者把他放在胭脂堆里养大。这种状态就会造成男孩子的男性人格女性化。

很多父母认为好玩，给孩子扎一个辫子，给他穿个裙子多乖巧。我们认为这样好玩，但是你不知道这种好玩，很可能造成孩子的性别意识出现错觉。

当年我办学时，有一个男老师来应聘。这个男老师长得很高大，接近一米九，来了一个星期，我就发现这个男老师是一个女性化人格。

别人看不出来，我一眼就看出来了。然后我就问他："你小时候是不是爸爸妈妈把你当女孩子养，给你穿裙子、扎辫子？"

我一说到这，他反馈说："是这样的。"在他小的时候，妈妈觉得他长得乖巧好玩，给他扎了辫子，然后穿裙子，别人就说："哎呀，你这个女儿长得真乖巧，你这女儿长得真好看啊！"她妈妈说我这是个儿子，别人说哪里是个儿子，你这就是一个女孩子。这个妈妈还把他的裙子、裤子脱了给人看。

做父母的似乎认为孩子还小，这一切都无所谓。但孩子不是你养的宠物狗，是人啊！所以这个老师来到我这里的时候，他自己都没发现自己是一个女性化人格的状态，他认为这一切都是正常的。相应的他的男性状态就很弱。他没办法恋爱，男孩子、男性所体现的状态他都没有，说话出手都是兰花指这种状态。这些都说明这个人的男性人格受到了极大的影响。

第二，建立男性人格。有的妈妈带孩子，陪儿子睡觉，认为无所谓，但是你不知道你的儿子在有了性的萌动之后，会开始产生恋母情结，贪恋妈妈的身体。这些行为会导致孩子的问题复杂化，是很常见的。在男孩子有了性萌动之后，要禁止跟异性长辈同床，也不可以再过度接触妈妈的身体，更加不可以和妈妈一起洗澡、睡觉。

为什么不可以？因为这个时候男孩子已经开始贪恋女性的身体了。我们在心理咨询过程中就发现很多成年的男性，因为长年跟女性长辈同吃同睡，就产生了这种性意识，影响了他一生。对他人格的形成也产生了很大的影响。

类似的案例还有，男孩子因为恋母情结跟父亲发生冲突，如果父亲经常不在家，这个孩子就会不自觉地充当母亲的"男人"。当父亲回来后，孩子看到父亲跟母亲生活在一起、睡在一起，这个孩子就紧张、愤怒、失眠，然后情绪暴躁，跟父亲发生争吵，全家人都觉得莫名其妙。但这其实就是恋母情结所导致的一种现象。

第三，我们要保护男孩的性能量。这恰恰是个巨大的问题。13岁以下男孩子的手淫，大部分都是受母亲或者亲近的女性长辈的影响。

今天的西方医学、西方心理学认为男性手淫是正常的性满足，但是男孩在性成熟之前过度手淫发生的射精会对身体造成严重的伤害，所以说我们看到男孩子驼背、注意力不集中、上课无精打采，基本上是这个孩子过度手淫造成的。

过度手淫对男性的生命状态影响极大，甚至可以导致精神疾病，所以这不是一件小事。如何应对男孩子过度手淫？首先就是耐心观察。观察什么呢？我们观察孩子是不是有这种状态呈现，比如说趴在床上，趴在沙发上蹭屁股。他是否有摸下体的状态。

当然一说摸下体，我们会很紧张，其实我们不必太紧张。五六岁的孩子摸下体可以说是正常的，不要过于紧张，要适当地引导，所以说沟通、引导很重要。

最关键的问题是我们要很清楚地知道，长大的男孩子要跟母亲及其他女性长辈之间保持好接触的程度。男孩子有了性的意识后，会对女性的身体充满好奇。如果父母认识到了这一点，那么相应地，我们的孩子在这方面会改变得很好。

那要怎么做呢？比如，父亲陪孩子睡觉或学习独自睡觉，这就是很好的办法。

千万注意，父母不要让孩子睡在自己的房间里面。父母在过性生活，以为孩子不知道，其实我告诉你，很多孩子就是受了这个影响。

对孩子的性教育，我们应该在日常的家庭生活中正常地进行。男孩子的早恋一般在青春期就开始了，通常是因为在家里面，孩子得不到真正的尊重和关爱，看不到父母之间的温暖和恩爱，或者父母离异，看不到父亲和母亲之间真正的交流。我们做父母的心如果没有放到孩子身上，那孩子可能就到外面去寻找关爱，这是出现问题的主要原因。

第四，培养男孩能力。正常来讲，男孩子要由父母带着参与劳动，切忌父母包办孩子的一切，切忌让这个孩子在家里无法无天、没有尺度。

有的父亲放纵孩子、惯坏孩子，相应地孩子呈现的问题就极大。而你之所以这样做，很可能是由于自己童年的创伤，是自己在童年被过分约束、承担过多的责任、缺乏父爱。你是想弥补你的缺失，但是很可能造成你儿子更大的问题，使你的儿子完全失去尺度，不懂得怎么跟人交往，一味地满足自己，以自己的需要为中心。

父母操纵了孩子，特别是母亲操纵控制孩子，包办了儿子所有的一切，你的孩子将来就可能是一个"妈宝男"，或者恋母者。而母亲的这种行为，一样是使孩子失去了尺度，一样是因为自己童年缺乏真正的爱。

我们做父亲的，有没有真正陪伴儿子一起劳动，一起玩耍？我们跟儿子交往时有没有教育孩子的尺度与行为准则？

我们做母亲的，有没有不包办儿子的一切，使儿子有独立自主的能力？有没有给他独立思考的空间？有没有培养他自己做决定的能力？有没有向儿子强调他要做一个男子汉？

为什么家庭的各种问题"切不断，理还乱"呢？就是你不知道问题的根在哪里，哪个地方发生了毛病。当我们找到了问题的根源的时候，就会像把线头一牵这个绳子就直了一样。

今天做父亲的，很多人都很"傻"！为什么？很多父亲只忙于自己的工作，根本不懂得怎样去鼓励孩子，根本不懂得陪伴孩子去探索生命，根本不懂得鼓励他、认可他，根本不懂得尊重他的合理的需求，根本不懂得怎么样带领儿子去运动，去成为一个有担当的男子汉。

很多的父亲只会打骂、压抑孩子，或者显摆自己的优秀、显摆自己的伟大，剩下的什么都不会，连跟老婆交往都不会，以为自己讲两句话就能教育好孩子，所以父亲要承担起教育儿子的责任。

第五，引导男孩子学会承担责任。父亲一定要严而慈，什么叫严而慈？教导孩子不能顶撞父母或者老人，要遵纪守法，要懂得尊重别人，要有宽容和仁爱之心。这就是严。

我当年怎么带孩子呢？跟孩子约法三章，说清楚底线是什么，底线是不容挑战的。你想要挑战我的底线，可以，我允许你挑战，但是我跟你说清楚是有代价的。你如果挑战我的底线，那你就要受到训斥和惩戒。这一切都在事前给你讲得明明白白，谁都要承担责任。其他的事情，只要不是原则问题，我都会允许。

我随时会去拥抱他们，带领他们运动，带领他们面对挑战，带领他们去面对黑暗。但当遇到原则问题，比如说撒谎，这件事是不能做的，撒了谎，就要受到惩戒。

还有就是守信。让孩子按照正常的作息时间完成所有事情。我们培养孩子是不是要孩子唯唯诺诺？不是的，我前面说了，孩子若挑战底线，是必须要接受处罚的。

我的孩子因为跟着我一起打篮球，他们都喜欢看NBA，我也喜欢看，正好有一次遇到NBA的总决赛了，怎么办呢？

所以我就跟孩子们商量，明天凌晨四点NBA总决赛，想不想看？孩子们说想看。但是我已经定了作息规矩。我说，如果想看呢，我们也可以破坏作息规矩。但是我们破坏规矩就要承担责任，那怎么承担责任呢？我陪他们一起受处罚。孩子们马上说，那可以。

所以，哪怕是犯错误，也要我们父母有意识地带着教育的目的带领孩子去试错。我说："这样，晚上你们先睡觉，我也睡觉，早一点睡觉，到了凌晨四点我悄悄把你们喊起来看，这样你们不至于第二天上课没有精神。"孩子们就同意了，然后我也很早睡觉。

快到四点，我就起来了，然后把他们悄悄地叫醒，我们悄悄把电视声音放得很小，然后看比赛。看完了以后当然已经到了早上六点，指导老师已经起来。当然我已经提前跟老师们都说好了，我说我们今天是要来挑战规则的，我们要承担责任。那当然我们就被抓了现行，是不是？

抓了现行，然后我陪着孩子们一起接受处罚。

所以，所有的事情，包括制订的规则、规矩等，父母要与孩子一起去执行并陪伴孩子一起去承担和成长。告诉孩子，规矩、规则到底是什么。这就是我们的担当，我们做父亲的要真正地去担当这一切。

小　结

违反了男孩的养育原则，会导致孩子人格发生扭曲、男性人格女性化等严重问题。

这些问题的根源往往在父母的关系和行为模式上，也可以在孩子的成长经历中找到。任何东西都有它的轨迹，我们看到了这个轨迹，找到了原因，后面的改变就会变得很简单。

让爱回家的作业

对照男孩的养育原则，梳理自己养育儿子的误区，并写出纠正和改善的办法。

优秀妈妈作业选登

听了李新异老师的课，我的作业如下。

我家男孩就是我用以下三个模式"毁掉"的：

1. 代劳模式。

因为我怀孕期间内心焦虑，我家娃生下来之后特别难带，夜里哭闹不止，入睡困难且容易惊醒，时常呕吐。我在月子里基本上就陷入了严重的产后抑郁。再加上老人帮带，特别紧张孩子，所以就形成了处处事事要全方位照顾的模式，照顾得无微不至，管控得一丝不苟。

随着孩子长大，这种"怕出问题"的极度焦虑就形成了"百分百代劳"，不敢有一点点的疏漏，让我紧张的不仅是孩子本身，还有因为孩子而受到的亲人的指责。所以孩子成长过程中，自然出现的各种本能的探索行为，我都会神经分兮地盯着、看着，随时准备阻止他、保护他，在他做不到的时候，我会不自觉地第一时间去帮他完成，以免他自己反复尝试引发"危险"。就在我这种过度代劳模式下，不仅我自己疲惫不堪，孩子也渐渐失去了对世界的好奇心和探索的乐趣，变得对外界漠不关心，而且非常胆小，对新鲜事物首先是怕、抗拒，看到的都是"危险"，从而畏缩不前。其实这都是我的代劳造成的必然结果。

2. 否定模式。

就像家能课"孩子被毁五部曲"里讲的那样，能量弱的孩子，父母的爱太多了，保护过度了，对孩子的伤害是更大的。因为在他应该去尝试并总结经验教训从而获得成长的年纪，我的代劳剥夺了他体验生活的机会，所以他相应的能力无法养成，随着他年龄增长，还是像个婴儿一样，时时处处需要大人照顾，这时候我又受不了了！我开始觉得，他为什么发育迟缓呢？他是不是有什么问题？为什么这些简单的事情他都不会做？！我就又开始否定孩子、打压孩子，我为他的"无能"而抓狂，其实这完全是我自己种下的苦果。尤其是在学习方面，我既不曾耐心地教导孩子，也不曾用心地陪伴孩子，只知道为他的成绩经常发脾气、指责孩子，对孩子造成了巨大的伤害。

3．抽风模式。

我还是个抽风式的家长，并不知道怎么去爱孩子、怎么去管孩子。常常是凭着自己的心情来，今天高兴了，孩子要啥给啥；明天不高兴，孩子哪儿哪儿都不对。一会儿溺爱，一会儿打骂，情绪、态度的切换甚至都不需要过程，就是俗称的"瞬间爆发"。这种极度的情绪波动，最开始孩子是吓坏了，后来变成痛哭不止，再后来他一看到我脸色变了就立刻捂住自己耳朵……说真的，有我这么一个情绪瞬息万变的妈妈，孩子真的是太难了，要好好活下来真的太难了。所以孩子有什么问题呢，明明都是我的问题。

改善方法：

（1）鼓励赞美，鼓励赞美，鼓励赞美！重要的事情说三遍！

（2）必须停止代劳模式，给孩子充分的空间，让他自己做主！

（3）尊重孩子本来的样子，时刻保持觉知，先做好自己，再去教育孩子。

（4）维护好夫妻亲密关系，给孩子一个父母恩爱的温暖的家！

（5）在家里有意识地把爸爸的形象树立起来，让孩子有榜样。

（6）允许孩子玩，陪孩子玩，带孩子到处玩，走出去让他放开了玩！

（7）用柔和的方式管教孩子，不是强压，不是命令。

（8）允许孩子犯错，让他在错误中成长。

（9）为他报一个兴趣班，他好像喜欢架子鼓和街舞，带他去学。

（10）跟孩子认真沟通，允许孩子说真心话，不用我的标准去衡量他。

（11）在学习上绝不再打压他，放手让他自己去做，不检查作业，赞美他为学习付出的每一分努力。

（12）让他做家里的小主人、小管家，把家里的简单任务交给他全权负责。

先做好这些，随时更新！

第十四讲

现在的女孩怎么了

教女孩的五个"硬道理"

今天的女孩子出现了什么样的问题呢？

第一，有的女孩子懒散、邋遢，好逸恶劳、不修边幅；

第二，有的抑郁，沉迷网络，或者拒绝跟父母沟通，自卑内向，甚至厌学；

第三，有的崇拜名利，过度追星，浓妆艳抹，无心学习；

第四，有的可能有暴力倾向，或者是早恋、堕胎、荒废学业等；

呈现的这些问题都让父母头疼。

《周易》坤卦讲："地势坤，君子以厚德载物。"[①]也就是讲我们要成为一个品德高尚的人，首先要有宽广的胸怀。坤卦代表大地，代表包容，代表承载，也代表我们的母亲，这就是坤卦的本来面目。也就是讲我们的女性和母亲，首先胸怀很重要，品德很重要，坤德很重要。

女孩子会表现出柔软、甜美、恬静、智慧、包容、思维灵敏、心思细腻等状态，对事物特别敏感，天真无邪。所以我们养育女孩同样有五大原则。

第一，性别清晰。养育过程中我们不要把女孩子当男孩子养，女孩子切忌穿衣打扮男性化。

---

① 杨天才,张善文.周易[M].北京:中华书局,2011.

如果爸爸妈妈、爷爷奶奶都喜欢男孩，不喜欢女孩。那么这个女孩就会希望扮演男孩来讨好家人。但是她并不知道她扮演了男孩，她觉得她的行为都是正常的，却对女性化的状态有意无意地加以排斥，女性应有的状态慢慢就淡化了。

第二，防止被性侵。做母亲的一定要告诉女儿，女孩子的重要部位，尤其胸部和隐私部位是任何人都不可以随便抚摸和接触的，包括爸爸妈妈在内都不允许。如果受到别人的侵犯，一定要告诉爸爸妈妈。

有的女性在青少年时期曾经受到性的侵犯。那么性侵女孩的人，来自哪里呢？我告诉大家，绝大部分都是亲人或熟人。

所以我们要告诉孩子，遇到这样的事情一定要报警，一定要告诉爸爸妈妈，特别是告诉妈妈。但是往往我们的女儿在报警的时候，妈妈以为这是不可能的事情，我们的亲人怎么会性侵孩子呢？我告诉你，性侵女儿的主要嫌疑人恰恰就是这些熟悉你女儿的人。只有这些你女儿信任的男性才可能让她放松警惕，让她接受他们的花言巧语，来进行更亲密的接触。

这个事情发生与否，对女孩的身心健康是起到决定性作用的，所以父母一定要重视，正确引导女孩保护身体。

性侵一旦发生，我们首先要耐心观察，孩子向自己求救，我们是要知道的，女孩子求救的时候往往体现出对某个男性的憎恨、排斥，突然的性情变化，或者是回避，这个时候我们做父母的一定要观察到，然后跟女儿进行沟通，问她发生了什么事情，父母了解情况后，该报警就一定要报警。

因为父母是女孩子的第一道屏障。对女孩子的保护首先来自父母。

如果我们意识不到，女儿求救的时候，父母没有看到，反而错怪女儿不懂礼貌，错怪女儿性情变化，错怪女儿无理取闹，这样就会对女儿造成二次伤害。因为她向你求救了，你不但没有保护她、维护她，反而指责她、训斥她，那她的内心是非常痛苦的。

第三，在女性人格的建立方面，妈妈要学会跟女儿谈心，学会跟女儿共同玩乐，这是对女孩最好的养育。妈妈多跟女儿拥抱、谈心、说笑，然后一起劳动，将来女孩就会成长得很好，变得优秀。我们在这个过程中有很多的悄悄话可以告诉女儿，包括像性保护等这样的话题，我们的女儿将来就可以健康成长。

如果父母为保护女儿免受性伤害，总是跟女儿强调"男人是不可以接触的""小心被男人骗"等，女儿一下就记住了这个指令，就容易形成潜意识。在以后成长的过程中，你就会看到她的婚姻、她跟男性的交往也可能会出现问题。

第四，培养女孩的能力。我们要带领女孩劳动，大家一定要记住，男孩女孩都要学会劳动。我们在带领孩子劳动的过程中，切忌去包办孩子的行为，说他们这也不能干，那也不能干，这也不用干，那也不用干，不能这样，不能那样。

我们要帮助孩子养成热爱劳动的品德、品格，热爱劳动是一个人健康成长的基本要素。我们可以带孩子做一些针线活，叠被子、折衣服、整理内务、洗衣扫地、做饭做菜等这些家务事。而且应该鼓励孩子去干。

有的母亲包办了家务，做了家里的很多事情，却一天到晚都在怨恨。这样做的后果是，一方面你为家庭付出了很多，而你的埋怨、唠叨可能把另一半与儿女对你的亲情和感恩都搞没了，这种埋怨的心理心态使你得不偿失。

如果爸爸妈妈是欣赏劳动、热爱劳动的，将来你的孩子一定也是热爱劳动的；你不是抱怨的人，将来你的儿女也不会抱怨人、抱怨生活；你是懂得爱别人的人，你的儿女将来也会懂得去爱别人；你的心胸是宽广的，将来你的儿女一定也会心胸宽广。这就是家风和家庭正负能量的传承。

第五，女孩子要学会承担责任。要教会孩子承担责任，首先父母的情绪要平和，要相互尊重，父母是如何相濡以沫，如何恩爱、理解、包容的，这实际上就是言传身教，传递正能量状态给孩子。

养育女孩，除了以上五点，还应该正确处理早恋问题，那么如何应对女孩子的早恋呢？如果早恋真正发生了，首先我们就是要接纳理解，而不是去训斥孩子。

然后我们要认真反思，孩子为什么会早恋？难道真的是孩子变"坏"了吗？

早恋发生的第一个原因：家庭关系里面父位的缺失，也就是说父亲没有成为一个真正的父亲，或者父亲长期不在家，或者父亲已经跟母亲离异，或者母亲控制欲强，非常强势，父亲在家庭中没有地位。在这样的状态下，女孩容易早恋，而且这个早恋的时间可能是十四岁左右。

所以说一旦发现女儿早恋，我们一定要反思自己，看到这些原因。如果是离异的母亲带着女儿，那我们首先要理解、接纳，同时要把性的有关知识告诉孩子，因为女孩子早恋就会涉及性生活。性生活就可能造成怀孕，甚至更严重的后果。需要将这一切以性教育的方式告诉孩子，而不是一味地去堵、去防、去训斥，因为这样会造成新的伤害。

早恋发生的第二个原因是这个家庭里无爱可言，父母争吵打架。如果父母离异，母亲对女儿没有爱护和关注，或者继父对女儿有性侵的倾向与行为，女儿在家庭与族群中不断被排斥，没有人关爱她，那发生早恋也就是必然的。

小 结

违反女孩的教育教养原则可能会导致孩子性早熟、人格扭曲和女性人格男性化等各种现象、各种问题。而问题的根源可以从父母的关系和行为模式中去查找，也可以在孩子的成长经历中找到。进入我们"新异心理"的"潜意识情景对话"中，也可以找到这些问题和发现这些规律。

女孩被性侵的社会问题应该引起父母的重视，也就是我们要多陪伴、多关注孩子，多交流、多谈心，发现问题时要尽量避免对孩子造成新的伤害。不要认为女孩子性格文静，不会有问题，随便地放到爷爷奶奶或外公外婆那里，随便把女孩子交给舅舅、叔叔、堂表兄等带着，因为你不知道，很多性侵的事件就可能发生在这里。所以我们要告诫所有的家长，对女孩子不能这样做。

让爱回家的作业

对照女孩养育的原则，梳理自己养育女孩的误区，写出纠正和改善的办法。

 优秀妈妈作业选登

听了李新异老师的课，我的作业如下。

对照女孩的养育原则，回顾我自己的成长经历，看看踩了哪些坑，又该怎样去修正。

一是性别清晰，不要把女孩当男孩养。性别清晰应该没有问题，记忆中我都是女孩的打扮，妈妈手很巧，还会自己帮我们姐妹做衣服，很时尚、别致。但是我记忆中有一个问题，家中三个孩子都是女孩，我对自己的性别不够认同，总觉得和有男孩的家庭相比，我家矮了一截。对青春期来例假、发育等，都觉得很难堪，很怕别人看到，想方设法掩盖。

二是防止被性侵。这一点总体被保护得较好，与周围的男性亲友保持一定距离，没有过于亲密的关系。我在这方面存在一个问题是，家里都是女孩，和父亲关系有亲情断裂，后来与男性交往，感觉不自然。

三是女性人格的培养。在我身上体现得也不够好，我和妈妈的关系也存在一定的亲情断裂，和妈妈很难产生亲近感。第一次来例假时，宁愿告诉姐姐，也不愿意和妈妈说。因此和妈妈说悄悄话这种事情，在我身上没有发生过。还好，有姐姐相伴，一些女孩子的问题，可以和姐姐交流。

四是能力养成。这一点在我身上体现得不够好，我是家里最小的孩子，父母都很疼爱，我基本上很少做家务活。妈妈做了大部分家务，洗衣服、做饭，连买米、买煤这些体力活也做。但她对爸爸有怨言、不尊重，这些情绪也传递给了我。我对老公也常常挑剔，很少做家务，即使做一点，也觉得是辛苦的、没有兴趣的。

五是承担责任。在我身上也没有体现出来，现在我看到自己身上存在最大的问题就是依赖心重、怕担责任，只想有人在我前面挡着，我只要跟在后面，做一点小小的事。但是当自己成为母亲，孩子一天天长大，这个问题就越来越明显。我在孩子身上看到了这个问题，他遇事退缩，不愿承担责任。现在才明白，这些不只是孩子的问题，还有我这个"原件"的问题。我的问题也许来自父母，但是现在我看到了自身的问题，现在不是去找源头、推卸责任的时候，否则这个问题会一代代延续，永远得不到解决。现在要从我做起，从对自己负责做起，真正在家庭中承担起自己该承担的事情。

第十五讲

为什么我们会"相爱相杀"

夫妻和，家道成

前面我们提到，在家庭里，夫妻关系是第一位的。这是我们每个人都要去正确认识的。在一个小家里，夫妻关系为什么是第一位的呢？如果我们的夫妻状态不好，我们的孩子呈现的问题就会很多。亲子关系是第二位的。但是很多家庭误把亲子关系看得高于夫妻关系，这是不对的。这是什么原因造成的呢？

这与母亲状态有关，也就是说跟母亲生育、养育孩子的状态有关。母亲生育孩子，觉得孩子是自己身上掉下的一块肉，会比父亲更强烈地感受到这个孩子是自己血脉的传承。而夫妻关系是没有血缘关系的，是一种因缘聚合的关系。所以很多女性在这个过程中，错误地把自己跟孩子的关系摆在夫妻关系之上，把位置给颠倒了，这样就会形成巨大的问题。

首先一个问题，夫妻关系疏远了。就是说，当你的注意力都到了孩子身上去的时候，你对丈夫的关心就远远不够，夫妻矛盾就会增多。

当然我们的母亲在养育孩子的过程中肯定非常辛苦。十月怀胎本身就很辛苦。养育孩子的过程中，孩子可能哭啊闹啊，吃不好、睡不好。这会牵动母亲的心，母亲的爱都到孩子身上去了，把重心全放在孩子身上的状态也是我们司空见惯的。

但是我们千万要记住：不能这样！夫妻关系仍然是第一位的。也就是讲无论我们怎么样去关注孩子，重点仍然是要把夫妻关系摆在第一位，首先搞好夫妻关系。

在这个过程中，我们做妻子的，尤其要关注到丈夫的需求——被关心、关注及性爱。

妻子十月怀胎的这个过程中，丈夫的性需要往往得不到满足。我们养育孩子的过程不是一两个月，是一个漫长的时期，如果我们跟丈夫完全断绝了身体的接触。在无性婚姻的情况下，丈夫的身体、心理都会产生巨大的问题。因为对男人来讲，性是很重要的，性本身包含着爱的因素在里面。

那么做丈夫的当然在这个过程中也要做到的一点，就是要理解妻子。一位母亲养育孩子非常不容易，生育孩子、养育孩子的过程中经常会睡不着，或者说一天下来只有很少的休息时间、很少的睡眠时间，可能还要忙其他的事情。所以相对地这个注意力就不容易放到丈夫身上。那么这个时候，我们做丈夫的更应该关爱自己的妻子，更应该关心、照顾自己的妻子，更应该注意到自己妻子的心理需求。她这个时候更需要丈夫的呵护、关心和理解。

夫妻相处时，有些男人往往缺乏情商，或者情商很低。可能他会说："情商有什么用啊？我有智商、有财商就好啦！我能赚钱就好了！"其实不是这么回事。就像男人得不到自己妻子的关爱的话，那男人的身心就会焦虑，这个焦虑就会迅速地上升。那同样地，妻子需要丈夫的呵护，这种感情的需要如果缺乏了，妻子的焦虑同样会迅速地上升。那这个焦虑一样会对家庭造成巨大的破坏。

得不到丈夫关爱的妻子，很可能就会把怨恨等发泄到孩子身上，或者发泄到家庭里面来，反而给家庭造成巨大的压力。所以说这一正一负，形成的这个矛盾其实是相互的。这也就是"夫妻和，家道成"①。"和"是什么？"和"就是理解，我理解你，你理解我。我的需求你帮助我解决，你的需求我帮助你解决。

也就是讲我们在彼此辛苦的时候，多说一句安慰的话、理解的话、恩爱的话。做妻子的，在这个过程中毫无疑问地会更加关心孩子、关注孩子，这是一位母亲基本的状态。

但是在这个过程中，我们仍然不要忽视这个问题，就是夫妻关系问题。夫妻之间的恩爱，妻子需要明白丈夫的性需求及其他的需求。同样，在这个过程中，做丈夫的，虽然每天在外面工作很忙，挣钱很辛苦，但是也要意识到自己是和妻子共同经营着一个家的。

你经营一个企业能赚到钱，那你为什么不把家经营好呢？家经营好了，你的后方就安稳，家道就成了，这样你儿女从你身上传承的东西就会越来越多，越来越好。

做丈夫的一定要懂得情，懂得情商，懂得怎么样去呵护自己的妻子，明白在孩子成长的过程中父亲不能缺席，这样一来，家庭关系就会变得很和谐，很兴旺。我们的孩子非常需要父亲的关心与爱护，尤其是新生的孩子，他是亟待你去发现和探索的奇妙的小生命，他的变化是非常值得欣赏的。在这个过程中，你同样地可以跟孩子进行沟通，哪怕他不会说话，但他肯定能感受到你对他的爱。

---

① 李正辉.幼学琼林[M].郑州:中州古籍出版社,2010.

　　我们的孩子是因夫妻之爱而产生的，也会因夫妻之爱而健康成长。每一个生命都是爱的结晶，是爱的火炬手。夫妻鱼水之欢的时候，相互之间除了身体的接触、生理的需要，还有心理的需要、精神的需要。因为这个爱，我们才会有孩子。所以说夫妻之间，包括孩子的成长，都是要用爱来呵护的。

　　我们有些人往往意识不到，觉得我们只是为了身体的需要而找老婆。找了老婆以后呢，就不在乎了，反正生孩子是老婆的事，这种认识是非常错误的。我要严肃地告诉大家，生孩子是夫妻两个人的事，家的构建是夫妻两个人的事，家风是夫妻共建的，所以"夫妻和"才能"家道成"。

　　那么家风和家庭正负能量在夫妻关系上是怎样体现的？影响夫妻关系的因素是什么呢？夫妻关系，不单是指我们的这个小家庭，而是要扩大来讲。首先是我们的父系和母系所传承的东西，也就是来自我们自己父母的品德，家风的传承。你对一个事物的看法，对待矛盾、对待问题的心理状态，夫妻之间是否恩爱，这一切其实都是我们的能力的体现。如果我们的父母非常善良，同时又能把所有的关系处理好，那我们就会看到我们的后代在处理这些问题和关系过程中表现得非常出色。

　　所以说影响夫妻关系的因素，首先来自父系和母系所传承的家风，然后就是我们自己成长的经历。

　　我们成长的经历顺利与否，经历里面是甜蜜的、好的、积极正面的，还是总经历挫折、被批评指责？心理是积极、开朗、进取、勇于面对，还是埋怨、怨恨、回避、逃避、自责、自我否定等？这些都是因为成长经历不同而形成的不同的心理，那这些心理就会在你的小家庭里面影响到你孩子的成长。

我们还受时代背景的影响。20世纪50年代我们生活很苦，到60年代遭遇饥荒，等等，这些都使我们生命的状态受到巨大的影响，人们处于一种生存焦虑状态；到了70年代，我们的国家开始好转，不断地向好的方向发展；再到后面的改革开放，许多人的钱慢慢地越来越多，生活越来越好，相应地我们的身心状态、对事物的看法等，也都发生了改变。

另外，我们在成长过程中，始终会与各种社会关系发生连接，跟上一辈我们的爸爸妈妈连接；与兄弟姐妹、朋友连接；然后跟我们的晚辈连接；与我们的工作单位和各种群体连接；还有与社会环境连接。这样就形成各种各样的关系。所以马克思说"人是社会关系的总和"。

很多人反复地在讲一个问题：人就是关系。当我们明白了人跟万物之间的关系，我们当然就会明白、找到心跟万物的关系的过程，其实就是明心见性的过程。

所以，我们的家庭正负能量，对每一个生命的影响都非常大。往往一件事情我们没有做好，往下影响得就比较深远、比较大，甚至三代之内都很难改变，这肯定是我们不愿意看到的。所以我们总是在痛苦中说，为什么你让我如此痛苦？为什么你让我如此纠结？

我们在"新异心理"经常讲的话就是"谁痛苦谁改变，谁纠结谁改变""放过自己，成就他人"。也就是讲，你首先是要改变自己，不要老是说别人。我的孩子如何，我的弟弟如何，我的妹妹如何，我的妈妈如何，我的丈夫如何，我的妻子如何，他们如何如何，等等。苦难是对人的一种考验，是使人前进和发展的动力。

我们始终强调一点，今天产生的这种痛苦感受的是你，所以你要先改变。

这个原理就像拧毛巾，毛巾一拧再拧，朝着相反的方向拧，形成了纠结，就形成了矛盾。那谁先放手呢？想觉悟的这个人先放手，看到这个问题的人先放手。这个人一放手，这个毛巾就没有对立面了，事情也会变得简单了。所以我们讲，想要改变，谁痛苦谁改变。

夫妻之间的矛盾多，孩子的问题就大，这是肯定的。夫妻矛盾多了，夫妻关系就会紧张，就会争吵、打骂。夫妻之间争吵、打骂，就给孩子造成很多问题，孩子就会形成不同的状态。

夫妻之间产生对抗，发生吵架、打架、"冷战"的话，儿女就不想生活在这个家里面。夫妻之间、父母之间发生矛盾的时候，争吵打闹的时候，孩子会很紧张。在现实生活中，我们任何人之间发生矛盾、争吵、打骂的时候，周围的人是不是都会紧张啊？周围人肯定紧张。所以说我们的孩子生活在这样的家庭里他也是很紧张的，是无法挣脱的。

在社会环境中，你闹得一地鸡毛的时候，别人则各回各家，反正说一说、笑一下而已，当个茶前饭后的笑话，谁也不会在意。但是你的孩子长期生活在这样的家庭环境中，他就可能受到影响。

如果你生育的是个女儿，她将来可能就是一个性冷淡患者，将来她就不想成家。为什么？你的女儿会产生一个念头，"我不想成家"，这个念头就会形成潜意识，那么未来就会影响你女儿的恋爱、婚姻及后续的家庭状态，也可能影响她一辈子。如果我们生的是男孩子，在这个过程中他有可能自闭、自卑。我们父母争吵、打架，然后可能就会离异。孩子觉得活在人间没有多少快乐，感受不到家的温暖和归属感。他要么就走向社会，变成了一个厌学厌世、自暴自弃的一个孩子；要么就自我封闭，放弃自己，一事无成。

夫妻之间有矛盾，不知道怎么样相处，外加对孩子指责、打骂，宣泄情绪，忽略孩子的感受。这一切都会造成孩子出现很多的问题。

所以说夫妻之间不要去相互诋毁。做夫妻，作为孩子的父母，相互去诋毁另一半，你就是在残害你的孩子，残害你孩子的身心，你同时也是在残害你的后代，因为它会往下传承。

如果"新异心理"没有这三大心理技术体系的支持，我们想要改变这一切也会很困难。大家学习普通的心理学知识，如果要一针见血、彻底地把这些问题给解除、改变、扭转过来，恐怕是很难的。但是在"新异心理"，我们可以直接在潜意识里面把这个痛苦的因素完全转化成正面因素。当然，你走到向我们求助这一步的时候，往往你的人生也已经非常的纠结、非常的痛苦了。

夫妻之间恩爱和自信，关系很好，我们的孩子也就会耳濡目染，看在眼里，充满自信。孩子会表现得非常友善，待人接物或者跟人交往的时候都会体现出乐善好施的状态。因为爸爸妈妈的心理状态肯定是好的。懂得恩爱的父母自然不会对这个世界有太大的怨恨，一定是这样的。

夫妻性情平和、相互恩爱，在矛盾来临的时候，自然就会知道怎么样化解。我们不是感受到一种被动的恩爱，而是我们相互之间能分享的都是好的东西，这就是一种情商。父母之间是这样，那么相应地我们跟孩子之间的沟通也就会顺畅，懂得彼此尊重和相互接纳。

夫妻之间的语言有很多，我们吵架是嘴上在伤害，但是我们一定要有个度，有个底线。另外还要有肢体语言表达我们相互的依靠和需求，不要过分伤害对方。

我到一个中小企业家协会去讲课。这个协会的管理者是夫妻俩，当天正好也都在，就说他们夫妻俩经常吵架，吵得很激烈。

我就讲，夫妻之间最好不要在同一个企业创业，这是肯定的。夫妻在同一个企业，经常是不但经营不好企业，可能连家庭也丢了。为什么？就是我们不知道听谁的。比如说这个人在开车，那个副驾驶的人告诉你，你要这样开，你要那样开，你要刹车，你要给油，这个人就不知道怎么开车了。

所以夫妻共同创业，参与同样的一件事，这个企业的工作安排都会有摩擦，争吵随时会爆发。你说你对事不对人，这只是一个理想的状态而已。真正吵起来的时候，哪会那么公私分明呢？你就会伤害到对方，伤害到夫妻之间的感情，最后面这个家也就没有了，夫妻之间没有情感交流了，都是埋怨和相互指责。

经营企业是为了让生活条件更好，让家过得更幸福。但在企业的成长过程中，意见分歧很大，谈不拢，又互不相让，我们的家就已经没有了，所以我们看到越来越多的夫妻在这个过程中很累、很辛苦，家崩溃了，人也散伙了。男的说老婆不理解自己，女的说丈夫不理解自己。其实不是不理解的问题，而是我们分不清楚主次关系。谁开车谁坐车，这个关系我们没有搞清楚。总喜好表达意见的人，都认为自己是好意。

这对会长夫妻也是经常吵架，吵得要离婚了，但是到了晚上睡觉，相互会特意把腿搁在对方的腿上。其实这就是肢体语言，这个肢体语言也成为这对夫妻维护情感的最后一道防线。

夫妻之间平和、相互尊重，我们孩子的成长自然就会表现出他好的东西，表现出他的自信阳光。夫妻之间如果关系不好，那孩子将来在他人生的旅途中，自信心肯定会发生问题。

人生的目的到底是什么，是要赚很多钱吗？不是，就是追求幸福，使你感受到人生无悔，享受快乐的时光。跟钱没有太大的关系，没有钱当然不行，生活困难，这是现实问题。但只是为了钱而生活，把赚钱作为人生的目的，这就不是正确的人生观。

有一则关于2017年高考状元家庭背景的调查。在"平时与父母沟通的程度"这个问题中，40%的受访状元选择了"与父母相处像朋友一样，时常交流自己的想法"；47.5%的受访状元们选择了"跟父母关系很好，但自己不会什么话都告诉父母"，这占了相当大的比例。[①] 就是说孩子跟父母像朋友一样，什么话都能交流的时候，其实也预示这个家庭是和谐的，家庭里的关系是平等的。

正因为我们的家风是很好的，是和谐平等的，我们的身心也就是快乐的。身心快乐的时候，我们的思维足够构建和谐的社会关系和驾驭学习等，使其变得轻松简单。如果我们的家风不好，我们回家还要处理很多家庭矛盾，家里的孩子就会身心疲惫，会出现很多问题，这是一定的。所以这需要家长深刻认识和高度重视，也就是我们讲的夫妻关系是第一位的。

① 李思文.2017高考状元调查④:家庭环境更自由开放,仅两成被陪读[EB/OL].(2017-07-29)[2022-01-28]. https://www.thepaper.cn/newsDetail_forward_1745391.

小　结

夫妻恩爱就是最好的家风，夫妻之间要做到同心同德。《周易·系辞传》讲："同心之言，其嗅如兰。"[①]《诗经》讲道："妻子好合，如鼓瑟琴。"[②] 也就是夫妻之间有水乳交融的状态，家庭也就会像乐章一样和畅。只要我们父母关系恩爱、和谐，我们的家就会呈现这样的状态。我们往下传承给孩子时，孩子也知道怎样去构建一个好的家庭。

我从事教育、从事咨询工作这么多年，很少看到过孩子的问题独立于父母而单独存在的例子。

所有的问题，都与我们当下的起心动念有关。只是说我们有没有洞察力，有没有觉知力，能否看到事物表象的背后，它们之间内在的连接。甚至我们根本就不知道自己出现了什么念头，也不知道那个念头所产生的后果会是什么样子。

你产生了某个念头，等你看到那个念头形成后果的时候，可能已经是十年或二十年之后了。你压根都不会想到这些问题与你有关，你也没有那么强的洞察力去觉知到这一切。

所以父母要学会从孩子的状态里反观自己的问题。孩子是我们的镜子，一定是这样的，孩子呈现的问题，包括他的恋爱和婚姻问题，也能反映出我们夫妻关系的问题。

通过这节课，希望大家能够认识到，家庭关系中夫妻关系是第一位的。

---

① 杨天才,张善文.周易[M]. 北京:中华书局, 2011.
② 葛培岭.诗经[M]. 郑州:中州古籍出版社,2007.

让爱回家的作业

反观自己的夫妻关系，找到与孩子问题相对应的根源，与伴侣进行交流探讨。能不能平和地进行交流探讨，这就体现出我们的能力。

优秀妈妈作业选登

听了李新异老师的课，我的作业如下。

自己结婚时可以说只是想要逃离原生家庭，想要找一个可以疼爱自己的人，找一个依靠，并不懂得什么是真爱，有种凑合到一起过日子的感觉，各取所需。

刚结婚时我们还算是幸福快乐的，因为孩子的到来，我几乎把所有的爱都给了孩子，渐渐冷落了老公。

当我把所有精力放到孩子身上时，对于性生活是可有可无的，经常会以各种理由推脱。导致老公未能得到满足，我们常常会因为性生活不和谐闹得不欢而散，甚至"冷战"。我们夫妻出现问题大多数原因都是因为未能满足老公的生理需求。

对于一个比较焦虑的男人来说，他的性生活得不到满足，只会让他越来越焦虑，这时候想要他给我更多的疼爱是不可能的。倔强的我也不服输，我们互不低头，都认为是对方的问题。

甚至两个人都是一种索爱的状态，想对方可以多疼爱自己一些。当婚姻不幸福时，夫妻间都没有爱，怎么可能把真正的爱传递到孩子身上呢？传递的只能是我们的焦虑不安，甚至会把他养育成一个问题孩子。

第十六讲

父母有病，孩子吃药

孩子生病是在呼唤父母的爱

孩子出现各种各样的问题，它代表着什么，预示着什么？每一个行为的背后很有可能都表示着潜意识。

疾病的根源是在心，我们来看看"病"字的演变，"病"从甲骨文、金文一直演绎到现在，"病"的左边就是一个竹床，一个人躺在床上大汗淋漓，这就是"病"字。所以今天治病叫"临床"，就是医生走到病人的床前给他治病。

"病"字里面为什么是个"丙"呢？按古人的理解，丙是指"阳火"，火在五脏中又对应心，其实就代表着我们的心出了问题。

这个"心"不只是心脏，是我们的身心。身心就是情志，就是心理、心情、情绪，以及处理情绪的能力、机能等。

当我们不断沉淀各种情绪，不断经历各种心灵创伤，不断经历各种各样的压力，最后通常会以疾病的形式表现出来。我们今天可以用心理学方法解释这个问题，跟这个"病"字的造字是完全一样的，至少我们"新异心理"讲的心理学的基础，跟"病"字的结构完全一样。所以我在很多场合，包括一些中医研究机构，都讲过各种疾病形成的原因。

某个中医院院长请我去给他的癌症病人讲课，我专门跟他们讲各种各样的家庭关系，脑癌、胃癌、肝癌、肺癌是怎么产生的，我认为很多疾病的形成都与家庭关系有关。讲课过程中这些人就在台下哭，"李老师你讲的就是我啊，我就是在这样的家庭关系里生活的，我在家里就是这种心态，我在家里就是这种状态"。

他们为什么会哭？因为我讲的内容正中他们的"要害"。他们长期受到来自家庭成员的指责、辱骂等，他们的身心在这种家庭关系里受到煎熬，这种煎熬给身体带来巨大的负荷，日积月累，最后疾病就产生了。

出生之前，每个生命的状态就奠基于父母的情志、心理状态、跟周遭环境交往的状态。做母亲的一旦感受到的都是压力，就会紧张、担心，孩子出生以后生命状态就弱，就可能会出现胆小、懦弱、紧张、害怕的情况，接着就可能产生疾病。

孩子一紧张、害怕就会特别胆小，特别焦虑。

我看到报纸上登出来的很多孩子突发重大疾病，还有其他事件，其实都是孩子在呼唤父母的关爱，或者是在团结父母。父母关系一旦出现严重问题，孩子不是患这个病就是患那个病。你们看到的都是孩子的病，我看到的却是你们夫妻关系出现的大问题。我要讲这些案例就太多了。

孩子过度肥胖，拼命吃东西，其实也是在呼唤你的关注，这到底需要父母关注哪一部分呢？这就需要你去用心观察。关于肥胖，是孩子在早期跟父母之间出现某种问题而形成的索取，也可能形成了以这个方式来报复父母的潜意识情结。

前面跟大家讲过一个例子。有一个女企业家商会会长，儿子已经二十六岁，但是出现了"精神病"，请我去给她的儿子做康复。我在这个过程中，让这位母亲在潜意识里完整地看到自己的一系列错误。

她在儿子八岁的时候把他放到上海一个老师家里寄养，出于爱心，自己在家又收养了一个孩子。

我问："你的儿子到了那里会不会受到歧视？"她说："没有，老师说很好，那位老师很关心爱护他。"我接着问："那老师有没有孩子啊？"她说有孩子。我又问："老师的孩子会不会歧视他？他在读书时会不会受到其他孩子的歧视？"这个妈妈就懵了，说她不知道。

经过心理疏导，她在潜意识里看到儿子成长过程中的无数问题全是她造成的，给儿子挖了一个又一个的坑，都是自己的儿子无法逾越的，最后儿子崩溃，以各种各样的错误行为来呼唤母亲的关爱，母亲最后认定他有"精神病"，把他送到精神病院接受治疗。这个孩子恨透了他的妈妈，而母亲还莫名其妙。

在潜意识里看明白这一切，这位母亲瞬间痛哭。从房间出来第一件事就是跟儿子真诚地道歉忏悔。自此这个孩子再也不说妈妈的坏话了。

你说要你去反思，你能反思到你的行为有问题吗？我们认为自己做的都是好事。后来她又收养一个孩子，她认为做的也是好事。但是她不知道，这个收养行为对她自己的亲生儿子会造成多大的冲击，又会对这个收养的孩子造成多大的冲击，这些她都看不到，她只看到自己的"好心""善心"，满足自己的心理需求。所以真正要反思是很不容易的。

比如把孩子送给爷爷、奶奶去带这个行为。我们认为这是亲人之间血缘关系的养育，不会有问题，千古以来都这样。但这些理论与认识在

"新异心理"、在我这里就会遇到问题了。

为什么？就是孩子最开始呼唤的，就是父母的关心爱护。

孩子逃学、厌学、打架，会不会也是呼唤父母的关注和关爱？或者是不是呼唤父母的团结呢？其实完全有可能。

有个孩子，本来学习很优秀，父母接触到传统文化，就把他送到经典教育机构学习国学经典，而且是住读形式的。结果孩子去了以后，学习越来越差，首先是跟老师发生冲突，顶撞老师，不按照老师的要求去做。那老师肯定会批评他、训斥他吧，于是他回去跟父母说老师不好，老师故意刁难他，待不下去了，要回家。

父母听不懂孩子的心声啊，去老师那里调查，老师说是孩子自己的问题，就更加指责批评孩子。

孩子接下来呢，就开始打架，专门打比他小的孩子。那老师一看管不住他，不能让他搞坏了学校风气啊，就开除他了，让父母接他回家。

父母把他送到我这里来做咨询。我一看孩子十三岁左右，高大英气，精神面貌很好。听完父母对孩子的控诉，我就大笑起来跟孩子说："你挺有'智慧'的嘛，这计谋用得挺好的啊，把你爸爸妈妈忽悠得云里雾里的，不就是找借口脱离住宿，回到父母身边，寻求父母的关爱吗？"

孩子马上就笑了，一点压力也没有，开心地跟我聊他怎么讨厌离开父母身边，怎么算计父母，怎么设计逃离，把校长、老师、父母都蒙蔽了。你读懂了孩子，你就看到了孩子优秀的一面，智慧的一面。你读不懂，看到的都是他的缺点错误。

最后父母清楚了孩子不是变坏了，而是用行为呼唤父母的关爱，马上就向孩子道歉忏悔，孩子也马上原谅了父母。

所以父母向孩子道歉忏悔肯定是非常关键的。然后夫妻之间要达成共识，充分交流，这样我们才能纠正教养孩子方式上的错误，然后就是深入学习，成为专家型父母。

所以与孩子和解的三部曲，第一步就是还原事实真相，然后是真诚地道歉、忏悔，最后是表达感恩和爱。

所谓还原事实真相，就是要认识到孩子出现的问题其实是父母的问题，并把事件还原，告诉孩子真相。例如父母担心害怕及焦虑，会影响到孩子的生命状态。这时我们就跟孩子道歉，还原事件，告诉孩子，爸爸妈妈是迫不得已的，真诚地跟他道歉、忏悔，表达"对不起，请你原谅，我们是爱你的"。孩子的身体是可以直接通过对话修复、改变的，这是很多人不知道的。

小 结

孩子的身体生病，是心灵在呼唤父母的关爱，孩子甚至会想通过生病来帮助父母修复关系。如果父母不了解真相，就会反复折腾，身心疲惫。如果父母发现问题后主动改变自己，那才是真正的解决之道。

让爱回家的作业

你的孩子是否容易生病，请对应到自己的夫妻关系中找原因，跟孩子道歉、忏悔。

优秀妈妈作业选登❶

听了李新异老师的课，我的作业如下。

孩子在上小学之前，几乎每一到两个月就会出现咳嗽、鼻塞、流涕、鼻炎等症状，吃了不少苦头，我完全没有意识到这是孩子在呼唤父母的爱。

学习了李老师的家能课才突然发现，果真是因为我对孩子的各种管控，从孩子早上起床到晚上睡觉，每一件事情，每一个时间点，我都希望孩子按照我所谓优秀孩子的标准来完成。每时每刻我都期望给孩子教点知识点，让孩子学习到更多的知识，不输在起跑线上。孩子每每按照我的要求做，达到了标准我就会很开心、很自豪。

其实孩子在很小的时候就已经看出，爸爸妈妈在很多问题的解决和很多事情的做法上，是完全不一致的，甚至是完全相反的。这种夫妻关系不一致、夫妻家庭关系的长期对抗，就导致孩子不断地生病，不断地搞事情，以期望引起父母对他一致的关注。

我亲爱的儿子，在你的成长过程中，妈妈不尊重你的爸爸，导致你没有纪律、没有边界感，导致你不自觉地各种挑事情，还背负了太多的批评、指责和打骂。妈妈太对不起你了！对不起，我亲爱的宝贝！对不起，请原谅，谢谢你，我爱你，我永远永远爱你，我亲爱的宝贝！

改变自己，家能课程是我一生必学之课。

优秀妈妈作业选登❷

儿子从小身体比较弱，老中医说他是典型的"小柴胡体质"。记得他刚上幼儿园时，几乎每个月都要感冒。后来转到我们学校的蒙氏园，情况好很多。小学四年级后，肠胃不舒服，经常请假，期末考试经常"裸考"。大夫们说，孩子大了就好了。我盼着儿子长大，同时也带着他不断跑步锻炼。可是，初中三年依然是经常请假。高中后，学习压力增大，第一学期还好些，第二学期就承受不住了，为了写完作业，儿子曾经等我们睡着了，两三点又爬起来写作业。结果，失眠、鼻炎、头疼、肚子疼，各种不舒服就来了。最终，儿子说，除了学习，就是学习，除了写作业，就是写作业，这不是他想要的生活，这样的生活没有意义，他承受不了一天十六个小时的学习。于是，我让他休学调整。

儿子得病，是我最难受的事情，越难受，我就越关注他的身体，越关注，他就越得病，这似乎形成了一种恶性循环。我的担心难受，为儿子种下了一颗种子，那就是"我身体不好，我经常得病"的潜意识。直到现在，儿子已经锻炼身体快一年了，他依然认为自己身体虽然壮实些，但还是不健康。听到儿子对自己身体的评价，我特别后悔，因为自己的无知、不能正确应对，给儿子造成了如此大的伤害，真是对不起儿子。

我对疾病的担心害怕甚至恐惧缘于小时候的疾病。通过"潜意识情景对话"，我看到一岁左右我在姥姥家得病了，那是一个夜晚，我特别难受，怕自己死了。那时，家里只有姥姥，她也不舒服。姥姥抱着我，一晚上都在煎熬着。第二天爸爸妈妈来了，才把我们带到医院。那一夜的煎熬与恐惧，让我很怕得病，也在我心里种下了一颗种子。

亲爱的儿子，是妈妈无知，没有建立正确的观念，没能正确应对你的病痛，给你的思想、身体带来伤害，对不起，好儿子！请你原谅妈妈，妈妈爱你！请你快快好起来吧！

第十七讲

爱的"残疾人"

单亲家庭如何养育孩子

夫妻一旦离异就会对孩子产生很大的影响，离婚过程造成的争吵、"冷战"及猜忌等，会使孩子的心灵受到很大的创伤。也就是讲夫妻之间已经没有了信任，相应地就会在语言上从各个方面攻击对方，甚至表现在行为上相互对抗，导致心寒的状态。

心一寒，就不容易再打开了，这个人说话的意愿或者与你交流的意愿可能就没有了，心就产生了封闭。

夫妻之间因为前面出现了一系列的问题，不懂得怎么交往，不懂得夫妻之道哪个是第一位的。丈夫不懂得尊重、爱护自己的妻子，妻子也不懂得怎么样尊重自己的丈夫、调节丈夫的身心。这样的家庭里，就会经常是鸡同鸭讲，牛头不对马嘴。相互以为在爱着对方，其实都不了解和理解对方，当然就容易形成"冷战"，再接着就是思维意识的强烈对抗。

它是一层层的。都不想吵架了，或者心寒了，不想说话了，产生了强烈的对抗意识，相互之间就会怀疑，"你为什么不跟我说话，为什么不跟我交流？"到这个时候，"为什么"就说不清楚了，对你们孩子的影响也是非常大的。

孩子感受到父母之间的不和谐，时刻紧张，整个家庭里面循环着一种巨大的负能量，因为已经到了相互猜忌、随时准备离婚、随时准备分家的时候了。

离婚时分家、搬家等造成的动荡和恐惧对孩子的影响是很深远的，甚至整个家庭弥漫着痛苦压抑的氛围，让孩子产生绝望的心理。

我当年在学堂给大孩子讲课，讲有的孩子为了吸引父母对他的关注，会做危险的事。一个男孩子就站起来，说他就是这样做的。爸爸妈妈有一天来看孩子，见面的时候这个孩子就突然往车流里面冲。父母很紧张，同时伸出手来抓住孩子，制止这个孩子的行为。孩子说那一刻是最幸福的时候，因为父母都关心自己，在乎自己。

可悲吗？很可悲。他为什么感觉到幸福啊？因为他只有在那一刻才能感受到爸爸妈妈是关注自己、爱自己的，可不可怕？你们有没有听到过孩子真实的声音？

离异过程对人影响太大了，夫妻俩家族之间直接的、间接的矛盾冲突，形成的问题是不是也同样很多？公公婆婆看不惯媳妇，媳妇看不惯公公婆婆，岳父岳母也看不惯女婿，形成家族成员之间的对立和冲突。这些都说明夫妻之间的状态不好，或者说我们做父母的不懂得怎样做父母，做父母的过于操纵自己的儿女。

这一点，我认为我们中国人真的应该向西方学习，我们养育儿女，只养到十八岁，之后儿女所有一切让他们自己做决定——婚姻、职业、赚钱能力等是他们自己的事情，不能再依靠父母。过多操纵孩子这些东西造成的问题其实是很大的，所以我们做父母的，做爷爷奶奶的，喜欢大包大揽，这其实是个严重的问题。

当父母身心疲惫、自顾不暇，就很容易忽略孩子的需求，忽略孩子的状态，然后孩子就自然而然出现各种各样的问题，因为你没有精力去关注孩子了。

所以单亲家庭可能出现许多问题，包括被抛弃感，对父爱或母爱有缺失感，孩子容易认为父母离婚是自己的错，容易演化成讨好型人格。这是单亲家庭的孩子可能呈现的状态。

害怕争吵，过于敏感，容易紧张、焦虑、自卑、内向，压抑也好，狂躁也好，这些东西都可能会产生，再接着就是缺爱。

父母离婚以后，他们往往是相互攻击的。做母亲的攻击父亲，做父亲的攻击母亲。为什么要相互攻击呢？就是把孩子当成了自己的财产和筹码，然后让孩子不要理对方，说对方是个坏人。这些都是站在成年人的自我思维里，站在自己强烈的"自我"状态里，没有考虑对方和孩子的想法和需求。

但是这样对孩子来讲是很不公平的。对孩子来讲，和原生父母在一起是他永远的希望和期盼，是他整个生命的力量源泉，不是后爸后妈能够补充的。

在任何时候，我们成年人离异了，千万不要去攻击原先的另一半。做父亲的千万不要去攻击孩子的母亲，你过分地攻击孩子的母亲，会加重儿子缺爱心理，他未来不懂得怎么样照顾、爱护自己的妻子，感受不到幸福，将来他也可能会离异，然后你的孙一辈同样也不会幸福，家庭负能量会往下传递。

所以说，我们的思想、家风全与我们的内心世界有关，孩子缺爱，就会缺乏安全感，然后就会早恋、寻求爱。

做父亲的跟妻子离异了，然后跟别的女人在一起，孩子同样会没有安全感，他会把这一切看在眼里，这个家没有家的状态。

孩子的爷爷奶奶不断在孩子面前贬损他的妈妈，给孩子灌输强大的负能量，其实也是一个严重的问题。他们以为能取代孩子心中母亲的位置，这是不可能的事情。

同样，母亲不断攻击孩子的父亲，孩子将来可能就会缺乏自信，经常自我怀疑，产生无力感。

为了争夺孩子，把孩子的整个身心撕裂，干的尽是这种事，自以为这种行为过去了就过去了，孩子慢慢长大就忘记了。但是这一切都不会消失，全部进入到孩子的深层潜意识里面，影响孩子一辈子。

现在参加"新异心理"的心理学课程及"潜意识情景对话"的人，是不是都能体会到这一切？父母的状态对我们的影响非常深远，要一层一层地修复，首先修复的就是跟父母的关系。父母的身心状态，他们纠结的东西强烈地影响我们，接着影响到我们的夫妻关系，再接着影响到我们的下一代，一层一层的。

在这种夫妻争吵的家庭中出来的孩子就会恐婚，你的女儿肯定对家庭是排斥的。因为女孩子成家就会面临着生育孩子，她就不愿意成家，将来就会呈现性冷淡状态，这都是潜意识演化出来的，这种情况我们能不重视吗？

单亲父母怎样养育孩子？

首先要改变自己的心理状态，系统地消化掉婚姻过程中包括离婚中产生的各种各样的痛苦，以及交往过程中形成的各种各样的矛盾和情绪，一层一层地完成清理工作。

从哪里开始？从我们的家庭正负能量开始，就是清理消化我们父母对自己的负面影响。这些负能量已经影响到自己的夫妻关系及亲子关系，然后再影响到我们的事业。

所以在这个过程中，只有把我们形成的底层潜意识的那个程序清理、消化完了，我们才能活出真正的喜悦。

有些做传统文化的人，传统文化做得很好，但是自己活得很苦，夫妻关系很紧张，总也解不开，为什么？一方面想实践传统文化中"家道"的精髓，构建和体验良好的家庭关系；另一方面发现自己的家庭关系总也处理不好。结果夫妻来参加"潜意识情景对话"时就看到：

第一，自己活在了大脑意识创造的假象里面，自己有很多的行为存在着错误。

每一个来到我们课堂的人都要在深层潜意识中去解决自己的问题，改变自己。我们改变了自己就改变了世界，因为你看世界的眼光不一样了，每一个参加课程的人都是先改变自己。

第二，放下对伴侣的怨恨，不再向孩子传递这种怨恨。有很多人改变不了亲子关系，就是自己跟孩子的关系改变不了。但是通过"潜意识情景对话"，把自己的内在完善和改变之后，会发现孩子自然就变化了。因为孩子看到了你的内心，观察到你的内心真的变化了，你看世界的眼光变化了，你看问题的眼光变化了，你不再是挑剔别人、过高要求别人的人了，你自己做得越来越好。"新异心理"的每一个老师都是这样成长的，所以相应地就看到家庭关系越来越好。

第三，还原事实，告诉孩子父母离异不是因为他不够好。继续创造条件让孩子跟他的父亲或者母亲相处、联系和交流，让孩子感受到父母的爱不会因为他们离婚而消失，血缘关系是消失不了的，不然对后代造成的影响是很大的。也就是讲我们始终要保护孩子，保持对孩子的爱的传递。

不要以为找了另外的伴侣，然后告诉孩子"这是你爸（妈）"就解决问题了。孩子不会认这个爸（妈）的，他永远想到的是自己的原生父母，这是孩子生命的力量源泉。

我们不希望看到夫妻离异，也改善了很多濒临破碎的婚姻。但是我们也看到，很多人的负能量太大，甚至极端固执，所以有些婚姻就该结束，不结束对孩子也是伤害，对另一半是更大的伤害。

第四，真正地、用心地爱孩子，尊重生命。根据男孩女孩的不同，以不同的养育原则去教育孩子、影响孩子。单亲家庭的孩子教养得当，同样可以培养成优秀的人才。

大家熟悉的富豪，特斯拉的老板马斯克，他的妈妈也是跟他爸爸离异了，然后妈妈就带着两个儿子，在这个过程中一直都是尊重孩子的。孩子读大学，妈妈支持；孩子读了一年就要退学，妈妈也支持。妈妈相信孩子的选择是正确的。孩子想要电脑，妈妈就打几份工挣钱，然后买电脑给孩子玩。孩子玩电脑玩到睡在电脑桌下面，妈妈没有去埋怨孩子，没有道德评判好与不好，最后两个孩子都很优秀，妈妈到现在也活得很优秀。这就是爱，爱能够成就一切。

小　结

离异对孩子的伤害是显而易见的，只有父母通过学习改变，把离婚的伤痛转化为祝福和爱，才能最大限度地保证孩子的成长。这样才是一个真正有爱的人，而不是一个私心很重的人，不是一个只为了自己生活而完全不顾孩子的人。要认识到离婚给后代造成的身心问题是非常多的。

让爱回家的作业

如果你是单亲母亲（父亲），或者你的婚姻接近过离婚的边缘，请写出你做得好的地方和需要完善的地方。

将爱心传递出去，找身边朋友、同事中离异的人聊一聊，交流孩子教育和婚姻伤痛转化等问题，推荐他们阅读此篇章。

优秀妈妈作业选登❶

听了李新异老师的课，我的作业如下。

夫妻之间一旦离婚，就会对孩子造成很大的影响，离婚过程中的争吵、"冷战"、对抗、语言攻击等会使孩子很受伤。

在儿子一岁多时我和他的爸爸离婚了，在我们离婚前，儿子还得了手足口病，住院了一周。那时不懂孩子对我们的挽留，我和他爸爸还是离婚了。儿子判给了我，我独自带着儿子，为了生活，身心疲惫，自然就没有精力去陪伴和关注儿子。孩子就呈现出敏感、自卑、内向、压抑的状态。

后来再婚，女儿出生后家庭矛盾重现，儿子的潜意识种子被催发，内向、压抑的状态呈现得更加明显。

通过在"新异心理"学习化解各种各样的痛苦、矛盾，提升自己，持续浸泡式学习，放下了对前夫的怨恨，还原事实，告诉儿子父母离婚不是因为他不够好，让儿子和他的父亲保持联系，血缘关系不会因为离婚而消失。一直做得好的就是离婚后没有在儿子面前说过前夫半句不好的话，没有在儿子面前攻击过他的父亲。同时也告诉儿子有两个爸爸爱他，多一份爱！

需要完善的地方：从离婚后我和前夫至今没有联系过，他跟儿子在微信上有联系，但我不干涉儿子。我需要进一步去跟前夫和解，创造条件让儿子跟他的父亲好好相处，也就是让儿子找回他的生命源泉，找回他父亲的那份爱和力量。真正用心去爱孩子，尊重生命！

通过学习懂得了父母离异带给孩子的伤害是显而易见的。只有父母通过学习改变，把离婚的伤痛转化为祝福和爱，才能最大限度地保证孩子健康成长，这样我们才是真正有爱的人。

 ## 优秀妈妈作业选登❷

听了李新异老师的课，我的作业如下。

虽然我没有生活在单亲家庭，也不是单亲妈妈，但通过学习这节课，回想自己的经历，也体会到父母的争吵、家庭的不和谐，给孩子带来的就是痛苦、害怕、担心、自责等。

还记得小时候，生活条件艰苦、物质匮乏，父母常因经济问题而发生矛盾，时不时会吵架、打架。每当这个时候，我就觉得天空阴云密布，我躲在角落里，听到他们争吵，又无力劝阻。非常担心他们会离婚，那就太可怕了，家就会散掉，没人要我了。除了担心他们分开，还担心如果成为单亲家庭，自己在学校里也会抬不起头来，会被别人另眼相看。

因此当父母吵架时，自己会表现特别乖，平时不做的事情都会主动去做，就是想让他们和好。只有父母关系好，孩子心中才有力量，才觉得生活中是有阳光的。父母吵架的时候，我觉得自己都没有资格撒娇、耍赖、顽皮，心里想的就是：如果能让父母恢复正常的良好关系，让我做什么脏活、累活，我都愿意。

现在自己有了孩子，和我的父母相比，我和老公吵架次数不算多。在孩子面前基本上比较和谐，这是做得比较好的地方。但也有很多做得不好的地方，夫妻之间的沟通、交流还存在一些障碍，由于自身成长环境和对自身认识不足，我对老公缺乏尊重，相互之间也缺少平等的交流，在对待孩子教育上，两个人的观点也常常不一致，这些都对孩子产生了一些影响。孩子目前学习状态比较低迷，和我们交流也不够顺畅，家庭气氛经常比较沉闷。

这样的家庭氛围，与我的关系较大，我对此该负主要责任。我要真正把自己摆到女主人位置上，对家庭的各方面都该用心去参与，而不是等着老公把一切安排好，我只负责"验收"。

第十八讲

心的方向，决定爱的力量

获得关注是生命的需要

每一个生命都需要获得关注，从胎儿时期开始一直到他成为老年人。小的时候是我们的爸爸妈妈关注我们，长大之后，是我们的另一半关注我们。

小的时候，谁关注孩子，孩子与他的连接就会更紧密。爷爷关注孩子，孩子自然就偏向爷爷；奶奶关注孩子，孩子就偏向奶奶；妈妈关注孩子，孩子就偏向妈妈；爸爸关注孩子，孩子就偏向爸爸。

有一个奶奶，把孙子送到学堂来学习经典。奶奶跟我说："我这孙子从来没有离开过我，这几年一直是我带着他，他总离不开我！"

我说："那是，您带孩子这么久了，孩子肯定黏着您，离不开您了。"

但是我知道孩子的心理，所以我跟奶奶说："我可以让孩子很平静地离开你。"

奶奶说："那不可能！这孩子什么东西都依赖我，从来没有离开过我。"

我说："我们打个赌试试吧！"

我马上叫几个孩子来跟她孙子一起玩。孩子有从众的心理，他和同龄人在一起很快就玩得忘乎所以了。我就跟奶奶说："你现在跟孩子说

'奶奶要走了'，看他是什么态度？"

孩子奶奶马上照做，跟孩子说："奶奶要走了哈。"孩子说："奶奶拜拜！"

这个奶奶马上号啕大哭，"哇！这孩子真的就这么快不要我了啊！"

其实不是孩子不需要奶奶了，而是我非常清楚怎么样让孩子摆脱对奶奶的依赖。

同样地，有对夫妻要把孩子送到学堂来，让奶奶回老家去，但是孩子离不开奶奶，不允许奶奶离开。为什么？因为平时这个奶奶就非常关注这个孩子，都是奶奶在带孩子。

孩子父母问我怎么办。我说："这是因为奶奶跟孩子的关系非常密切，而你们对他疏于照顾，但是父母始终是孩子生命的源泉，只要父母每天上午给孩子打个电话，下午给孩子打个电话，下班回来真心拥抱孩子，孩子就会允许奶奶回家。"

这对父母听话照做。一周以后再跟孩子说："奶奶要回老家了。"过去在孩子面前这是不能提的，现在这个孩子说："奶奶拜拜！"

这就是一个亲情断裂的例子，我们父母是完全可以去修复的。但是我们经常会看到亲情断裂久了就会造成巨大的影响。"家庭能量案例集"里，有一个"优秀女孩为什么要自杀？"的案例，就是因为外公对她的关注支撑着孩子的生命状态，支持她的成长，但是她外公一去世，这份支持就失去了，这个女孩就垮掉了。

植物成长是需要土壤、需要阳光、需要雨露的，我们的孩子同样需要家庭的庇护。家庭就是土壤，孩子需要父亲的阳光来照耀，需要母亲的雨露来滋养，孩子的成长需要这两种爱。

　　丈夫需要妻子的温柔、关怀、理解与平和，没有一个男人需要一个成天跟自己吵架、像个母老虎的妻子；同样，妻子也需要丈夫的阳刚和支持。阳刚不一定是你什么事情都能干，它表现的是这个人生活的态度很好，他有很高的情商，做事情也很坚决，不是软绵绵的，不是不敢做决定、不敢担当。我们只要敢担当，把事情做好，我们的家庭就能够幸福，我相信我们的工作、生活都会变得很好！

　　相应地，我们家人的身体肯定也需要我们的好家风的影响。家风的传承来自我们长辈，以及我们当下的改变，把家风构建好，还有关注每一个生命，这样我们就会变得健康长寿！

　　关注的本质，实际上就是爱。你没有爱，你就不会关注别人。植物因关注而美丽，孩子因关注而成长，夫妻因关注而和谐，老人因关注而慈祥，身体因关注而健康。

　　孩子的成长，肯定也需要你的关注。你关注他，你就会赞美他、欣赏他、鼓励他，他就成长得更好，他的内心就会越来越绽放，他的能量就会越来越被激活；反之，我们说的都是批评、指责，孩子就会越来越对抗或萎靡不振。

　　玩游戏当然是一件很重要的事情，很多人问我怎么防止孩子沉迷游戏？第一先要解除你的焦虑心理，第二看我们有没有真正地去陪伴孩子，我们有没有真正地和孩子一起玩，让孩子在相互交流的过程中开心！

　　优秀的父亲到了周末或者下班的时间，父亲回到家里就是陪着孩子各种各样玩，哪怕只是拿个棒球跟孩子扔来扔去，就是与孩子一起锻炼，陪伴孩子。NBA的球星不是从小就要求孩子学习好，要学会打球……他是到了一定的年龄段之后才开始训练孩子打球，让孩子接受专业训练……在孩子小的时候就是充分地关注他们、陪伴他们，参与到孩子的成长过程中去，这是非常值得我们学习的！

我们夫妻间能关注到对方，我们就会有爱，就会和谐。讲一个故事：有对夫妻生活在一起矛盾重重，后来要离婚。其实在我看来，这位丈夫是一个很体贴、很会关注对方的人。但是妻子好像很麻木，妻子感觉丈夫给的不是自己需要的，她需要一个很会折腾、很能蹦跶、很有激情的人。可能她的丈夫不是这样的状态，她就提出要离婚。

离婚前一天，她很早出门，回来以后看到门上、冰箱上都贴了纸条，上面写着：你每天出门要做什么，你每天回来要做什么，你身体有什么问题，你要注意什么时候吃药，你跟别人交流交谈等要注意什么……这位妻子看了很感动！

爱要表达出来！

平时老公做的她都看不上眼，这时她全看到眼里了。"哎呀！我到哪里再找一个这么体贴我、关心我的人？"再要找一个这样的男人，恐怕找不到了！夫妻又和解了，所以夫妻要看到对方的优点。

老人也是需要儿女关注的。如果老人得不到儿女的关注，老人也会很孤单、孤苦。人老了以后行动力、创造力等能力都会存在问题，哪怕是有成就的老人都会觉得自己越来越没有价值……六十岁退休，现在六十岁了，好像还是一个年轻人一样。

我的父亲是一位优秀的医生，退休以后感觉一方面可以休息了，另一方面觉得自己的价值、自己的学识、自己的医术没有办法发挥，没有办法帮助别人，慢慢地觉得自己是一个废人。我就安排父亲到我身边来，通过服务我身边的这些人，让他获得价值感，他甚至说不收费都没关系。

正好一位朋友开了一家新的医疗诊所，因为我父亲医术很好，被邀请去当坐诊的专家。虽说是在一个偏远的地方，但是我父亲还是欣然接受。我也觉得应该让父亲去，因为他能够在那里获得自己的价值感。

我父亲当过医院院长，到了诊所以后把整个诊所不完善的地方都调整好，同时治愈了很多人的疾病，吸引了很多客户，经营得非常好，相应地我父亲在那里获得了自己的价值感。

现在我父亲已经九十六岁了，我还经常跟我父亲说："来广州吧！我给您开一个诊所，不用赚钱，就义务服务别人，同时我也可以跟您学医，从心理学的角度跟您交流。"老年人，特别是有成就感的老人，他需要有一个对自己生命的新定位来获得价值感，当然这也包含着我们之间的相互关注。

我们的身体也是需要我们关注的。如果我们完全不关注我们的身体，我们的健康就会出问题。

我们的五脏六腑出现了一系列的问题，很可能早就出现了，只是你没关注它。只是产生了一点焦虑，"哎呀！我这里疼"，疼就是需要你的关注。你需要更了解你的身体，要时刻关注它向你发出的信号，疼、痒、酸、胀等感受都是它在向你发出的求救信号。

从中医的角度来看，寒湿、热症、寒症等都会影响到你，我们该穿衣的时候没穿衣，该保护好身体的时候没有保护好。很多人把自己的心都用到外面去了，只关注外面却没有关注自己。人这一辈子，在任何时候，身体都需要我们自己密切关注。我们关注了我们的身体，关注了我们另一半，我们整个身心、整个家庭都会好！

"小爱"和"大爱"的区别：小爱是制造问题，大爱是化解问题。

小爱为什么会制造问题呢？因为小爱都是基于我的执着和索取，为了获得别人更多的关心、爱护、支持等。

小爱是我以我的感觉觉得你需要；大爱是我明白你需要，我完全看到、知道你需要。小爱是我担心你不好；大爱是我接纳你不好，你所有的不好我都是接纳和理解的，有了接纳和理解，就超越了好与不好。

小爱是我害怕失去你，我关心你，其实也希望你关心我，这是一个交易。大爱是我们本来就在一起，从未分离，我关心你，不需要你回报，是把爱奉献给别人。小爱让人有被控制的感觉，以爱的名义在伤害人。小爱的这种执着，就是我们讲的"刀子嘴豆腐心"。大爱让人有"放松自在"的感受，我做了，我不需要你回报。

我们母亲的大爱，是默默地为我们奉献，默默地为我们做了这一切。看到孩子成长与绽放，她就高兴。但是她没有去跟孩子说"你要如何对待我，你要如何帮助我"，这就是一种大爱精神和大爱体现。

其实，在我们老一辈身上经常可以看到这种大爱，我们生活在这些人身边，感觉很轻松、很愉悦，不是一种被控制的状态。

相反，有的长辈付出什么东西都会要求回报，这种回报不是他向你要，他是用一种东西来控制你，用道德来管束你。结果明明这个人是在做好事，但是让人很讨厌。这种老人很多，其实这都是掉在小我的陷阱里面了。

生命真正需要关注的是大爱，是无条件的爱。我们去爱别人、关心别人，我们不去索取，这才是一种无私的爱。我们看到别人需要帮助，我们就伸出手。

但有人说:"伸出手我也是很不容易的,我帮助你也是很不容易的,我费了好多心思、好大的力量,我要做到这样,我牺牲了好多的东西……"这些都是多余的,你强调这些,其实这就不是爱了,其实你就是让别人来记你的恩!你看我们很多长辈是不是用这种方式跟儿女说话?其实这都是一种小我。

我们只有读懂生命才能做到真正接纳和无条件地爱家人。读懂生命肯定要用到我们"新异心理"所讲的"易经应用心理学","新异心理"的这个技术是真正地把《易经》的核心密码跟心理学智慧完全结合、融合在一起,涉及面要超越其他的易经应用很多,影响更大。我们在出席"世界易经高峰论坛"时引起轰动,研究《易经》方方面面的专家看到我们所带来的景象都很惊讶!我们"新异心理"的咨询师不是在易学领域研究很深的人,但是我们所展示的这种状态已经超越了那些专门研究《易经》的人,不在各种套路里面,而是基于对生命的真正的解读和理解。

真正的大爱是"爱一直都在",因为"你就是爱",这一点需要我们去证得。大爱无声,大爱无形、无相。你要得到爱,唯一的办法就是你把自己的爱不断地布施给别人,你自然会看到,爱又回到你身边来,回到你身上来,一定是这样的!只是以不同的方式回来。

小 结

每一个生命都需要获得关注,从胎儿时期开始一直到他成为老年人,都需要得到关注。获得关注是我们所有生命的核心需要,如果我们没有关注，家人感受不到关注和爱，家庭就会出现问题。

关注是从读懂和了解对方开始，读懂对方真正的需要。给予对方需要的爱，不是你需要的爱。爱本身从来不匮乏，爱一直都在，你就是爱！当你做好你自己，你就会成为一个发光体，你就发现你身上的爱越来越多，你发出的光芒也越来越耀眼！多到你完全可以忽略别人是否爱你，你也会感受到无数人对你的爱。

往往我们强调小我的时候就不干了，"我爱别人，怎么没看见别人爱我？"你看到的，你爱别人的这个"爱"都是在索取，所以这份爱就会打折。有人奉献自己一百分的爱时，每收获一分的回报都觉得跟一百分一样。而有人给出去的爱，因为以索取为目的，已经有九十分被自己消耗掉了，最多只能获得十分的回报。

📖 让爱回家的作业

用心感受无条件的爱，并向家人表达，记录感受。

📖 优秀妈妈作业选登

听了李新异老师的课，我的作业如下。

经过持续在"新异心理"的浸泡和对家能课程的反复学习，现在我看待身边人、事、物的态度，不再是以前那种看不顺眼的态度，经常能够看到其中的美好和正能量的一面。我自己的原生家庭，父母和姐姐、妹妹依然处在那种负能量的沟通环境中，我时常会有意识地将他们的话语换一种说法，好像就起到了更好的效果哦！

是的，其实我们每个人都是圆满的，每个人都深深爱着自己的家人。我们都大声说出内心对家人的爱！爸爸妈妈，我爱你们！姐姐妹妹，我爱你们！老公，我爱你！儿子，我爱你！

多次在我的三口之家表达爱之后，老公也能够顺口就说出"我爱你"，孩子虽然还没有主动说，但已经在平日的聊天中感受到了爸爸妈妈对他的爱！

终　章

让爱回家，家和万事兴

家和万事兴是我们每一个人都期待的。《中庸》里面讲："喜怒哀乐之未发，谓之中；发而皆中节，谓之和。中也者，天下之大本也；和也者，天下之达道也。致中和，天地位焉，万物育焉。"[①]这里讲到了"中""和"两个字的含义。

"喜怒哀乐之未发，谓之中"，我们能做到这些的时候，就是我们降伏了所有内在的情绪。你的心，你的所有的情绪都被降伏了，你就是觉醒者，这就是"中"。觉醒以后你这一切情绪重新再发出来的时候就是"和"的，表现出来就是"和"的，你不再是带有情绪的气愤和委屈，不再是带有小我的执着，所以你体现出来的就是祥和，这个"和"不只是你说出来的话是"和"的，而是你的整个内在体现出来的都是"和"。

"和"是"中"的体现，是觉醒的体现。所以"中也者，天下之大本也"，什么叫"大本"？就是本来面目，大本大源就是我们的本来面目，所以说"中"就是讲觉醒、觉悟，你觉悟就是证得了本来面目。"和也者，天下之达道也"，这个时候你通达天下，"万物并育而不相

---

① 冯映云.中华文化经典读本[M]. 广州: 暨南大学出版社, 2013.

害"①。你的内心没有任何执着，"六十而耳顺"②自然能做到。"七十而从心所欲，不逾矩"③，你不需要再按照条条框框去做，也不再需要天天跟别人讲道德，但是你做出来的一切都是通达的，生命都能接受到、感受到这份真正的善良，这就是"和"。所以"致中和，天地位焉，万物育焉"，真正达到了中和的状态，那就是天地呈现的欢乐的景象。人人在其位，万物并育而不相害，因为你的内心世界没有任何的纠结，没有任何的执着，也相应地不会有任何的观念。这是我们对"中和"的一个简单解读。

我们的负能量有耻辱、内疚、冷漠、悲伤、恐惧、欲望等，正能量有勇气、淡定、主动、宽容、理解、爱、喜悦、平和等。我们为什么要努力去达到"和"的状态呢？是因为它代表了正能量的最佳状态。在"和"的状态下，我们所有情绪的抒发都是合情合理合法的，不需要刻意控制或者压抑就能够打动、教育和感化他人，又不会伤及他人的内心。

只要我们通达了，达到了"和"的状态，我们所有的消极心理，比如耻辱、内疚等，使人颓废的想法就消失了。《论语》里有句话叫"知耻而后勇"④，知耻就会有勇气，有勇气才能醒悟、改过自新。

我们感受到内疚也是一样的，我们感觉到内疚、觉得这件事做错了，然后激发出我们一定要把这件事去做好的勇气，从而改变自己。所以说我们的内疚是让我们觉知到自己，感受到自己的负面能量转化成正

① 冯映云. 中华文化经典读本[M]. 广州: 暨南大学出版社, 2013.
② 冯映云. 中华文化经典读本[M]. 广州: 暨南大学出版社, 2013.
③ 冯映云. 中华文化经典读本[M]. 广州: 暨南大学出版社, 2013.
④ 冯映云. 中华文化经典读本[M]. 广州: 暨南大学出版社, 2013.

面能量，其实是帮助我们醒悟的。

夫妻和则家和，家和万事兴首先是我们夫妻要"和"。不管我们的父母状态好与不好，我们每个人都可以转念，每个人都有构建自己的人生轨迹的力量，转念就会改变我们的人生。

九华山的地藏禅院里有一副对联，对联讲："若不回头，谁替你救苦救难；如能转念，何须我大慈大悲。"你的念头转变了，就会发现你的人生轨迹也发生改变。

家庭正负能量有传承规律。但我们不能把什么问题都算在父母身上，说父母这也不好那也不好，那我们作为一个独立的人，怎么样去完善自己？所以我们的小我要学会构建自己，构建我们未来的人生，成就大我。也就是说我们后面自己的路和我们子孙后代的路要从我们自己开始走起。我讲了十五年以上的家庭正负能量课，始终讲的一点就是：我们每一个人都可以做家族的"人文始祖"，一切从你自己开始，这就是我们所强调的。

你说，爸爸妈妈不是会影响我们吗？是的。这只是生命的一个状态，就像遗传一样。血脉不可改变，但是我们可以通过转变心念来改善家庭关系。

"新异心理"在办学的时候就提出"学习轻松，品行优良，人格完善"。"人格完善"是我们的主体，那怎样使孩子的人格完善？首先一点就是父母的关系要是"和"的，我们父母的身心状态要是好的，父母的身心状态不是处于焦虑的状态的，父母要首先做到这一步。

你说做不到怎么办，那你就参加"新异心理"的学习，理解各种心理现象背后的原理，进行"潜意识情景对话"，回溯父母在你成长过程中种下的"因"，来改变现在的"果"，慢慢地一定能做到。这是我们能够做到的，所以才会提出"让家家有本好念的经"。因为我们能唱响这本经，能真正地做到，不是只讲大道理。只要你接触到"新异心理"的老师、督导，包括课程，你都会在这个过程中发生改变，相应地，孩子也就会呈现"学习轻松、品行优良、人格完善"的状态。

同时，家庭和谐有利于家人身心健康，这方面我们有大量的案例。夫妻状态改变了，我们孩子的身体也改变了，父母的身体也改变了，整个家庭呈现出正能量的状态。你的身心改变了以后，你的方方面面都轻松了，变得越来越好。

构建优良的家风，构建一个好的家庭，要从改变家庭正负能量开始。什么叫改变家庭正负能量？就是改变我们的思想，改变我们的思维，明白因果规律。所以家庭正负能量理论课是让我们明白，正能量和负能量是会传递的。但是，不是要我们去计较传递这个事情本身，不是要你戴上一个思想的枷锁，一切都是从当下出发，一切着眼于当下，一切要从当下开始改变，所以才叫"改造"。

构建优良的家风，首先是改变我们的思想。改变家庭正负能量，最核心的就是明白"思想是一种能量"。然后我们弄懂爱和关注，了解生命过程中的一系列的东西。后代出现了一系列的问题，这都与家风的建设、与家庭正负能量密切相关。当我们明白了这一切，我们才有可能把事情做得更好。

构建优良家风，那肯定是与我们的品德、道德有关系。中国共产党中央纪律检查委员会在网站上号召政府官员学习《了凡四训》。我们在

213

2006年正式出版了《了凡四训·译解》^①这本书，当时做这件事对全国做传统文化的人来讲是一个很大的鼓舞。因为《了凡四训》能够正式出版，也显示出我们国家对传承发扬优秀传统文化的重视。

那《了凡四训》讲什么？开始讲的是"命运""命中注定"的事，然后就讲怎么样去改变命运，改命过程中如何行善积德，里面涉及方方面面的事情，需要我们每个人认真去看。

构建优良的家风，与我们的品德有关。今天社会上出现一股功利主义思潮，只讲所谓现实，怎么赚钱、致富，不讲品德，不讲积德行善，这肯定是不行的。引用《易经·系辞传》里面的话就是，"积善之家，必有余庆；积不善之家，必有余殃。"^②这是中华传统文化里面早就有的，是《易经》里面的原话。

可是今天还有很多人抗拒传统文化，不愿意学习传统文化。其实传统文化里面具有强大的智慧，我们的习近平主席为什么对传统文化信手拈来、运用自如呢？就是因为他们那个时代接触、学习了很多优秀的传统文化，对传统文化有深刻的理解。他们的父辈革命家都对中国传统文化有很深的理解。所以你看刘少奇同志写的《论共产党员的修养》，里面有很多关于传统文化的论述，有很多孟子的语言。毛泽东写的《矛盾论》《论十大关系》等，也是如此。毛泽东早期写给他导师黎锦熙先生的信，开篇就是讲宇宙的"大本大源"^③，那个时候他就提出了"欲动天

① 李新异. 了凡四训·译解[M]. 广州：暨南大学出版社，2017.

② 杨天才，张善文. 周易[M]. 北京：中华书局，2011.

③ 张太原. 毛主席的初心之路[EB/OL]. (2018-06-20)[2022-01-28].http://dangshi.people.com.cn/n1/2018/0620/c85037-30067826.html.

下者，当动天下之心"①。动天下心就是动人心，那个时候，毛泽东已明白人最大的需求就是获得土地，所以提出"打土豪，分田地"，这就是"动天下心"。毛泽东十八岁就已经明白了万物跟心的关系、宇宙本源跟心的关系，后来的革命过程就是他的实践过程。

我们构建优良的家风，就需要学习中国优秀传统文化。这十多年"新异心理"的总部——中和教育一直在努力地促进、奠定家庭文化和经典教育，我们在这个过程中一直在带领家长们和孩子一起学习传统文化。因为我们传统文化中有很多好的智慧，我们通过学习或者解读优秀传统文化，能更好地明白传统文化与我们家风的关联。

我重新讲的《大学》，每一个字都讲了一堂课。什么是"大"？什么是"学"？那可能跟大家想的都不一样，层面不一样。我讲的《西游记》，与《西游记》小说完全是两码事，你听我讲完《西游记》，你可能会觉得没看懂过《西游记》。你看的都是《西游记》的故事情节，而《西游记》的深层内涵，你可能还没看到。

我们对传统文化要有深刻的了解和理解。改变家庭的负能量，就是要求我们把自己、把家庭的负能量转变为正能量，转变的基础就是爱，必须要有爱，必须明白爱、传递爱。家风的建设如果缺失了道德品格、爱与关注这些因素，那么家庭不会有优良的东西传承下去的。

我们要学会改变自己，同时还要学会传承，往下传承，学习家庭正负能量理论，学习传统文化，你要在这个过程中成长，然后再去把你的儿女带好、建立良好的家风，使你的家庭变得更好。

---

① 张太原. 毛主席的初心之路[EB/OL]. (2018-06-20)[2022-01-28]. http://dangshi.people.com.cn/n1/2018/0620/c85037-30067826.html.

"家和万事兴"，家庭正负能量这节课我一开始就讲了夫妻之道。那么我们的父母如何达到"和"的状态呢？

出现了问题没关系，"烦恼即菩提"，你要走向觉醒。没有一点痛苦，你是不会走向觉醒的；没有一点纠结，你也不会走向觉醒。我们说"失败是成功之母"，也就是痛苦会使得我们重新思考人生。我是谁？我从哪里来？我死后要到哪里去？人生的这三大命题，你在痛苦、挫折、苦难面前才会思考。你在趾高气扬的时候是不会思考这些问题的，你思考的都是怎么赚钱、怎么发财致富、如何耀武扬威等。

我们已经给大家提出了一个很好的方法和技术，就是"潜意识情景对话"，让我们快速处理潜意识里面重大的痛苦情绪，促进整个身心的转化，扬升我们的正能量。今天，在"新异心理"，可以很快地使一个"祥林嫂"实现身心的解脱。在这个过程中，我们首先就是面对痛苦，面对恐惧，面对磨难，然后重新经历，完成这个转变。很多人在重新经历这个过程中感到非常痛苦，那当然痛苦，"冰冻三尺非一日之寒"，你不痛苦一下，你哪里会有这么深刻的记忆？哪里会有这么深刻的

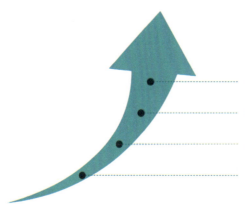

觉知情绪四部曲

扬升：身心状态逐渐平和

转变：身心自然发生调整改变

经历：感受情绪在身体里流淌

面对：观察内心情绪

认识？！

在"新异心理"，没有说教，没有导师、咨询师对你的教育、指引、指导，这是一个真正的纯粹的技术，最终让你自己去明白，自己在潜意识里面看到，苦难是你自己造成的，是你自己的思想、念头等一切东西给你下了一个套，然后你就活在这个思想与念头构建的地狱里面、牢笼里面，受苦受难。

我们通过心理学技术帮助你解除痛苦。这一切转变后就开始扬升，你散发出来的都是正能量，获得内在思想和精神的解脱。

天天待在那个痛苦里面，你怎么可能开心生活下去？这是不可能的。我们一定是先完成了整个身心的负能量的转变，然后才能实现正能量的扬升。我们的能量扬升到哪里，我们就领悟到哪里。首先就是改变我们当下的整个心理状态，使我们的人生变得更好。

修身齐家，构建优良家风，首先就是"立志"，你将来要做一个什么样的人，或者要成就一件什么样的事，都与"立志"有关。"我要成为一个科学家""我要成为一个商人，成为一个大商人，中国的首富，

天下平
（利益大众）

治国（家企兴盛）

齐家（家庭和谐）

修身（言行举止）

正心（修正起心动念）

诚意（直面自己内心）

致知（达到完善的理解）

格物（向人的内心寻找答案）

立志（做家族的"人文始祖"）

世界首富"，都需要你去立志，立志后就要毫不动摇，遇到困难，遇到挫折，你都要把它战胜，这就叫作"志"。

"三军可以夺帅，匹夫不可夺志"①，这就是讲"志"的力量。

立志做家族的"人文始祖"，使后代永远昌盛！昌盛是给钱吗？不是的，是给一个好心情、好家风、好思想、好心态，以及如何为人处世的好家训，给我们后代传递这些，而不是给钱、传递焦虑等东西。

"新异心理"的课程涉及的内容已经深入到生命的根本，涉及当下的深层潜意识、浅层潜意识和表意识等方面。

"格物"一方面是向外去接触和见识更多的事物，通过观察和体会外在的事物去洞悉其本质，另一方面就是向内去寻找答案，整理自己的内心，看到我们的问题所在。"格物"就是觉知，一层一层地觉知，然后看到真理。

"致知""诚意""正心"，然后达到"修身"，一步一步，每一步，倒过来顺过来都是一样的。你的心不正不行，意不诚肯定更不行，你连一点儿诚意都没有，那怎么可能传递你的爱？你传递不了的。

你的"修身"，也就是下面这一部分，做好了，我们就会看到周围环境的变化，就是说我们"修身"达到了祥和，降服了我们的喜怒哀乐，我们的身心就开始出现"和"的状态，就会有朋友跟随，家庭里的人也会跟随我们了，呈现的就是祥和的氛围。

如果说你经历了"格物""致知""诚意""正心"这个过程，

---

① 冯映云.中华文化经典读本[M]. 广州: 暨南大学出版社,2013.

而你家里的人依然跟你不祥和，这说明你"修身"没有到位，没有做到，没有做好。所以要呈现的是你内在的饱满和祥和，最后起到"修身""齐家"的作用，然后"治国"，就是管理好我们的企业、我们的团队。最后"平天下"，利益大众、交往天下。

我们已经帮助了千万个家庭"消除家长烦恼，改变孩子命运"，同时还培养了很多家庭教育顾问，努力地构建新的平台，去帮助其他的人，让大家都能够很好地活在当下，解除身心的焦虑、忧虑等。

我期待未来大家能够跟"新异心理"一起，走向我们美好的明天；也希望大家跟"新异心理"一起，开心快乐地活在当下。让我们的家庭和美；让我们的孩子健康幸福成长，真正完善人格。在这里再次祝福所有人，只有我们自己的思想改变了，我们才能看到整个生命的改变，以及我们周围所有亲人的改变。

小　结

每个人都可以成为自己家族的"人文始祖"，一切从我做起，从我开始，从立志开始，从我们的起心动念开始，从学习和改变开始，理顺我们的家庭正负能量。然后身体力行、修身齐家，从我们每个人做起，让家人快乐，也让我们的家庭幸福、社会和谐。

让爱回家的作业

召开家庭会议，商议，达成共识，选出五条优良家风写下来，然后逐渐添加。我们应该怎样交流，我们应该怎样说话，我需要得到你什么样的帮助，都写下来。父母真心诚意地跟孩子一起商量交流，我们会看到孩子的改变。

优秀妈妈作业选登

听了李新异老师的课，我的作业如下。

召开了家庭会议，共商议出五条优良家风。

一、早睡早起。不睡懒觉，保持运动习惯，让家人喜爱运动，以后要继续发扬，全家同时参与运动。

二、勤于动手。在家吃营养健康的自制早餐，尽量少点外卖，也多学习餐馆饭店营养好吃的中西菜式，将这些菜式带到自己的家中来，家人到齐一起开饭，营养又健康。

三、迎来送往。家人出差或远行，每个人都尽量腾出时间去接送，让家里每个人都像风筝一样，可以自由地飞高飞远，又始终有根线牵在家中。

四、温情沟通。生活中免不了有意见不合、出现矛盾的时候，可以平静地说出不同的建议和意见，但不要影响到一家人的感情和相互的关爱，每个人都要学会正面沟通、不伤感情的正确表达。

五、相互尊重。每个人都是一个独立的个体，互相支持、关心、尊重每个家人的每个决定，生活中我们要学会幽默，多说"我爱你"！

推荐感言

这本《让爱回家》是"新异心理"创始人李新异的又一本新作。作者让我先看一看，我感到很荣幸。拿到手后，认真、仔细地看了两遍，并非是陈词滥调、言人之所言，的确是作者用心、创新和切身体验之作。字里行间渗透着作者的一片爱心和良苦用心，看后觉得非常感人，也颇多收获。

作者立意深刻，从习近平主席所倡导的"'天下之本在国，国之本在家'，家和万事兴"①的高度来阐明"家和万事兴"的理论、构建良好家风的重要性和方式方法。本书篇幅不大，字数不多，但内容丰富，用真心说真话，直入人心。"新异心理"成立以来，拯救了成千上万个"问题家庭""问题青少年"，本书是切身践言之作，值得人们一读。特别值得中小学老师、幼儿园老师、即将成家或成家后家庭出现裂痕的男女青年、已成家并有小宝宝或"问题孩子"的父母、爷爷奶奶、外公外婆认真看一看，或许会有意想不到的心得和收获。

凡夫（96岁）

2022年6月30日

---

① 常雪梅.习近平：在2018年春节团拜会上的讲话[EB/OL]. (2018-02-14)[2022-01-26]. http://jhsjk.people.cn/article/29824618.